AF501959

TABLEAU SOCIAL.

TOME TROISIEME.

TABLEAU
SOCIAL.

Dédié à l'Humanité, à ses Amis, à ses Défenseurs.

Par M. GÉRARD.

TOME TROISIEME.

A BAR-LE-DUC,
Chez DUVAL & MOUCHERON, Imprimeurs, rue des Pressoirs.

L'AN IV de la LIBERTÉ.

DISCOURS PRÉLIMINAIRE.

FAUT-IL se transporter dans les siècles héroïques de la Grèce ; faut-il fouiller leurs augustes debris pour y puiser une législation applicable à l'harmonie et à l'indépendance politique des sociétés modernes de l'Europe ? Je me sens ému d'un transport sublime lorsque mes pensées s'échappent et voïagent dans les champs-élisées de cette belle antiquité : là, dans un recueillement religieux et divin, j'interroge cette terre sacrée, je me promène dans le faste de ses ruines, j'interroge la majesté de leurs monumens ; je cherche Athènes et les [illegible]ibres dévastés de son antique sé-[illegible]ure ; je cherche les tombeaux de Miltiade, de Thémistocle, d'Aristide et de Démosthène; j'appelle leurs mânes dans le sommeil et la solitude de ce vaste cimetière; mais tout dort dans le calme et dans le froid du silence, et mon ame s'ennivre sur ces beaux restes des siècles héroïques, et du peuple le plus magnanime de toute la terre.

Je cherche ensuite Rome dans le berceau de son indépendance; mais ces institutions se ressentent de cette rudesse sombre et farouche, et son gouvernement pêche dans la division des tribus et dans l'orgueil des distinctions héréditaires.

Ce n'est pas non plus chez les nations modernes de l'Europe, pas même chez celles qui cherchent à étaler l'ostentation de leur independance, ce n'est pas chez les Anglais, ce n'est pas chez les Hollandais, ce n'est pas chez les

Suisses, ce n'est pas même en Amérique, dans le diplome politique des États-Unis que l'on peut puiser les matéreaux de l'édifice social ; mais c'est dans la nature, c'est dans les sources abondantes de sa fécondité, c'est dans l'union et la pureté des sentimens que l'on peut puiser tous les élémens essenciels à l'harmonie des nations.

Si les Grecs n'étaient pas si éloignés de nous, si, dans le long intervale des siècles qui nous séparent d'eux, nous n'eussions pas perdu les morceaux les plus précieux de leurs législations, sans doute que les Grecs, surtout les Athéniens, étaient les seuls dignes d'être imités par les nations qui aspirent à l'indépendance et à l'abolition de la roïauté, et de tous les genres de tyrannie.

Sans doute qu'il eût été plus grand d'imiter un peuple qui, par la gloire et l'héroïsme des vertus, a fixé, durant les siècles de son existence, l'admiration de toute la terre et qui la fixe encore; sans doute qu'il eût été plus grand d'imiter ce peuple que de puiser une constitution dans la poussière des archives anglaises et dans le machiavelisme prussien.

Les institutions sociales qui concourent à organiser le plan de cet Ouvrage sont dictées par le vœu de ma conscience et le desir de voir le genre humain mieux distribué et plus heureux.

Je regrette la perte des oracles législatifs, la gloire et la splendeur des beaux jours d'Athènes; je regrette la perte de ces oracles aujourd'hui ensevelis sous les ruines de cette ville.

Athènes et Lacédémone offrent des exemples terribles de la décadence d'un peuple, lorsqu'il se relâche une fois des principes austères qui entretiennent et affermissent la consistance des républiques.

Une nation républicaine organisée, sur les maximes d'une saine démocratie, vivra autant que la terre, tant qu'elle sera constamment attachée aux vrais principes de son harmonie, et les nations ne sauraient trop les connaître ces principes salutaires, ne sauraient les conserver avec trop de soin.

Les Athéniens existeraient encore aujourd'hui sur la terre, leur cité, cette patrie florissante de la sagesse et de la philosophie, donnerait encore des leçons vivantes à toutes les cités de l'Europe et du monde entier, s'ils ne s'étaient point relâchés des devoirs et des maximes de la pureté démocratique.

Athènes et son territoire resserrés dans une étendue de vingt lieues sur toutes faces, a joué dans l'antiquité le premier rôle entre toutes les puissances de la terre : tout le tems qu'Athènes a été république, mais république démocrate, elle a été la terreur des despotes les plus puissans, elle a fait la loi à Xercès, le dominateur d'une vaste partie de l'Asie ; mais l'éclat d'Athènes s'est terni une fois que son gouvernement a dégénéré, une fois qu'il a perdu cette énergie, l'ame et le soutien de sa prospérité et de son indépendance. C'est l'excès des richesses, c'est l'introduction du luxe asiatique, qui ont apporté parmi des citoïens, qui auparavant ne présentaient qu'une même famille réglée par les loix de l'égalité, des distinctions orgueilleuses et usurpatoires.

Une fois que les richesses établissent des distinctions dominantes, c'est une preuve de la décadence des lumières et d'un prochain acheminement à tous les signes de la stupidité et de l'abrutissement: le mérite et les vertus perdent alors les témoignages publics de la considération; ils se retirent dans le silence de la solitude pour y gémir sur les erreurs de l'opinion. Le vice s'élève dans le moment sur les échelons de son opulence, il triomphe des efforts mourans de l'honneur public; c'en est fait du peuple, le voilà esclave des riches, le voilà enchaîné au char de la fortune.

Alors qu'un despote se présente sur les frontières d'un tel païs, c'en est fait, le peuple est mis aux fers, et ce sont les riches qui le vendent et qui le livrent.

C'est par ces cascades de la corruption qu'Athènes a perdu ses philosophes, ses orateurs, ses héros; c'est en plaçant la couronne civique sur la tête flétrie du vice opulent, qu'Athènes a perdu les grands hommes qui l'avaient honoré par leur génie, et c'est en perdant ces illustres soutiens, qu'Athènes a perdu sa liberté et la splendeur de son nom; et et c'est ainsi que cette république malheureuse s'est vue déchirée par le fer de ses tyrans, s'est vue ensevelir sous ses décombres et ses ruines.

Dans ces jours de douleur, Athènes se ressouvint alors de l'oracle des philosophes, des orateurs, des héros qui lui avaient prédit et peint les horreurs de ces bouleversemens, Athènes se souvient de son ingratitude envers ses bienfaiteurs et le peuple, à genoux et embrassant leurs tombeaux, implorait en vain leurs mânes.

Quand le mérite et la vertu sont persécutés dans un païs, il tombe sous le joug des riches et des tyrans, c'est un païs perdu, il faut que sa génération périsse et fasse place à des peuplades amenées par un despote.

Tel a été le sort d'Athènes, tel a été le sort de mille peuples dont l'histoire nous a transmis les terribles catastrophes sous les couleurs les plus effraïantes.

Nations modernes de l'Europe, vous avez devant vos yeux des exemples successifs de plusieurs milliers d'années; la liberté est le plus grand des biens, mais il faut de l'énergie et de la vertu pour l'échauffer et l'entretenir, il faut des couronnes civiques pour féliciter le mérite et encourager ses efforts.

TABLEAU SOCIAL.

CHAPITRE PREMIER.

De l'Organisation politique.

En considérant la France dans ses quatre-vingt-trois départemens, j'ai considéré ces départemens comme autant de républiques fédératives, toutes placées sous le ciel de leur liberté individuelle et de leur égalité respective.

Suivant l'ordre de ce système, chaque département députera au raliement central de la nation, les délégués qu'il destinera pour le représenter, leur traitement sera à son compte particulier.

Toutes les dépenses intérieures du département, seront pareillement à son compte partiticulier.

Chaque département sera libre de régler l'économie de ses dépenses intérieures selon sa prudence.

Les dépenses générales, celles qui auront pour objet l'harmonie, la conservation ou la défense de la fédération nationale, seront fixées pour le cours ordinaire des tems, à une somme invariable qui sera accomplie par la cotisation individuelle et nécessaire de chaque département.

Cette cotisation pour la facilité des départemens sera susceptible d'être divisée par année en quatre époques, de trimestre en trimestre.

Il sera convenu entre tous les départemens et dans le formulaire du serment de leur fédération, de chacun concourir ponctuellement à fournir par trimestre leur contingent, et il sera convenu entr'eux d'une amende encourue à celui des départemens qui apporterait un retard

tard dont la prorogation s'étendrait jusqu'à l'expiration du trimestre suivant.

Cependant ceux des départemens qui seraient affligés dans leurs recoltes territoriales des fléaux du ciel, seront exceptés de la convention pécuniaire pendant un tems accordé par l'assentiment et le concours de tous les départemens.

Par le serment de la fédération, tous les départemens s'obligeront à observer les mêmes loix, même dans l'intérieur de leur administration territoriale. Les droits de l'homme y seront par-tout protégés, et s'il arrivait qu'un citoïen ait à souffrir des persécutions échauffées par la haine et l'esprit d'animosité, et qu'il ne trouvât point justice parmi ses concitoïens, et dans le département de son habitation, il pourra s'adresser à l'une des trois assemblées nationales, le raliement et l'écho de la voix publique et particulière.

Aucun département ne pourra se soustraire à l'influence salutaire des loix générales qu'il aura acceptées concurremment avec les autres départemens sous l'arc de leur alliance. Il ne pourra pas non-plus éluder ou modifier les loix intérieures rendues uniformes pour tous les départemens.

Il y aura cependant plus ou moins d'extension dans les loix intérieures, c'est-à-dire, que les départemens des frontières, les départemens méditerrannés ou du centre, ainsi que les départemens maritimes se gouverneront par les mêmes loix; mais cependant avec une adoption plus ou moins étendue, mais relative à leur situation locale et à la prévoïance de son régime et de ses besoins.

Lorsqu'un département, on entend ici son administration, s'écartera de son serment et de l'observance des loix, soit générales, soit intérieures, le concours des autres départemens autorisera l'assemblée résolutive à changer la résidence du directoire, et à la transférer dans la ville ou le village du département qui aura marqué le plus de civisme et son attachement inviolable aux engagemens de l'alliance.

Il serait de l'équité, de donner à chaque département la même étendue locale, à moins que la nature ne s'opposât au vœu de cette répartition équitable.

Le contingent que chaque département sera susceptible de rendre en masse commune et de verser au trésor national, sera réglé à la même quotité.

Cette quotité uniforme, sans doute, ne provoquera pas des réclamations de la part des départemens les moins peuplés; les moins opulens, attendu que cette quotité en masse commune ne pourra jamais être, d'aprés les principes que nous établissons, qu'une contribution trés-médiocre et nullement susceptible de léser aucun département.

Et, si je propose cette égalité dans la contribution patriotique de chaque département, c'est pour conserver entr'eux, suivant le plan invariable de cet ouvrage, l'alignement et le niveau de leur état politique.

Je crois que les dépenses extraordinaires, soit dans les circonstances affligeantes, soit dans les cas de guerre, sur terre ou sur mer, seront soutenues en portions égales par chaque département: et, sans doute, que l'économie, l'honneur et le désintéressement qui présideront à leur emploi, ne permettront jamais que ces dépenses deviennent des fardeaux d'espèce à faire réclamer contre l'abus de leur demande et de leur application.

Ces dépenses, d'ailleurs, ne pourraïent avoir lïeu que d'après l'aprobation des départemens qui, aïant reconnu leur nécessité, auraient consenti à les soutenir.

Des états libres, puisque tous les départemens sont susceptibles d'en figurer le concours, ne sont pas en situation de se plaindre des dépenses publiques et nationales, lorsque ce sont eux-mêmes qui les ont résolues.

Tous les départemens étant égaux, c'est l'ordre alphabétique de leur nomenclature qui assigne la place et le rang de leur concours.

Aucun département ne peut réclamer contre cette distribution équitable, puisqu'elle est le vœu de la nature, et qu'elle est réglée par le sort et la dénomination des fleuves ou des montagnes qui caractérisent la topographie de leur situation physique.

En cas de guerre, et d'une guerre sur

terre ou continentale, chaque département fournira ses subsides pécuniaires et le nombre des guerriers fixé entr'eux.

Si cependant, relativement à l'éloignement, les départemens frontières consentaient avec les départemens les plus éloignés du théâtre de la guerre de pourvoir à leur remplacement dans l'armée nationale, ces secours de bienveillance entre des alliés, n'éprouveront aucune difficulté, et éviteront le déplacement et le transport dispendieux d'une troupe qui aurait peut-être deux cens lieues et plus à faire pour se rendre sur le théâtre des hostilités.

Ces cas de remplacement ne pourront être soufferts et permis qu'aux seuls départemens les plus reculés des frontières ennemies.

Les départemens du centre et ceux des autres frontières plus rapprochées, ne pourront pas se faire remplacer par d'autres départemens, si ce n'est dans le cas où des maladies épidémiques ravageraient leur contrée, parce qu'alors la crainte de la contagion dans l'armée ferait pourvoir sur le champ à l'utilité salutaire de leur remplacement.

Si la nation avait à-la-fois à défendre plusieurs frontières opposées par leur éloignement, les départemens du centre distribueront leurs secours à partir d'un point diamétral et allant de file vers la frontière attaquée et la plus prochaine.

Par exemple, si l'Espagne se disposait à faire une invasion dans nos climats, si le Piémont et la Savoie, de concert dans l'attaque, se disposaient à faire une diversion à l'autre bout des barrières françaises, si les puissances de l'Allemagne menaçaient la rive gauche du Rhin, si les puissances belgiques menaçaient le Nord de nos limites, alors les départemens du centre, partant d'un point diamétral et dans l'aspect de leur situation, se porteraient, par évolution, vers les frontières les plus prochaines de leur situation, et cette manœuvre universelle mettrait en activité les armes auxiliaires de tous les départemens sans qu'aucun d'eux puisse proposer son remplacement.

Si la nation avait à soutenir à-la-fois une guerre continentale et une guerre navale, les départemens des frontières tiendront leurs forces concentrées chez eux, comme les départemens maritimes les tiendront chez eux: les uns et les autres sous les divers aspects de leur sûreté et de leur défense; alors les départemens du centre régleront l'avancement de leurs secours en partant pareillement d'un point diamétral pour se rendre vers le danger le plus prochain.

C'est dans ces conjonctures où l'activité, c'est-à-dire, la réunion directoriale de six départemens devient efficace à la rapidité des opérations.

C'est dans ces conjonctures que l'asemblée résolutive doit agir d'aprés le vœu des cercles.

C'est dans ces conjonctures que l'assemblée administrative doit être en pleine activité, sous l'influence de l'assemblée résolutive.

C'est dans ces conjonctures que l'assemblée législative doit être en observation, qu'elle doit veiller, tandis que tous les corps politiques sont en mouvement.

La convocation des cercles ou la réunion

directoriale de six départemens ne devient instante que dans les cas de guerre et dans les tems de crise, où la volonté et la force publiques ont besoin de se circonscrire et de se rallier.

En tems de paix, l'assemblée législative s'occupe invariablement à veiller sur le dépôt des loix, elle écoute le vœu des départemens pour la création des nouvelles : elle écoute le vœu des départemens pour l'ampliation ou la réforme des anciennes.

L'assemblée résolutive s'occupe à sanctionner les loix qui lui sont adressées, et sur lesquelles les départemens ont réuni la majorité de leur acceptation et de leurs suffrages. Comme dépositaire de l'exécution des loix, c'est à l'assemblée résolutive à veiller à leur exécution.

L'assemblée administrative étant le raliement des administrations directoriales de tous les départemens, c'est à elle à entretenir l'unité ; le concert et l'harmonie entre tous les corps politiques.

Dans les cas qui ne seront pas exprimés par la loi, ni l'une ni l'autre de ces trois assemblées suprêmes ne pourra se permettre aucun acte d'autorité, sans être fondée du pouvoir légal des départemens qu'ils seront chargés de consulter dans toutes les occurences.

L'assemblée législative ne pourra pas créer des loix nouvelles, amplier, modifier ou réformer les anciennes, sans l'autorisation formelle des départemens bien et duement consultés.

L'assemblée résolutive ne pourra apposer sa sanction que sur les projets de loix qui lui seront renvoïés par les départemens avec l'attache de leur adhésion.

On procèdra à la création ou à la réforme des loix, de deux manières, soit que les départemens les demandent à l'assemblée législative, soit que l'assemblée législative les propose aux départemens.

Si c'est l'assemblée législative qui les propose aux départemens, ceux des départemens qui les aprouveront, les adresseront à l'assemblée résolutive pour les passer à la sanction ; et ceux des départemens qui n'aprouveront pas les projets de loix ou de réforme, les renverront à l'assemblée législative avec les procès-verbaux des articles qu'ils auront rejetés et des articles qu'ils auront admis.

Si l'assemblée résolutive, dans l'envoi des départemens, à la majorité du nombre, elle passera à la sanction après les formalités toutefois que j'ai indiquées dans la première partie de cet ouvrage.

Si l'assemblée résolutive n'apperçoit dans l'adhésion des départemens, que le nombre mineur, l'assemblée résolutive renverra à tous les départemens le recensement des voix, et suspendra la sanction jusqu'à ce qu'elle y ait été autorisée par le concours de la majorité.

Lorsqu'un département proposera un projet de loix à l'assemblée législative, son directoire ne pourra le proposer qu'après avoir consulté les assemblées générales des citoïens dans toutes les résidences de son étendue.

Lorsque l'assemblée législative proposera à tous les départemens le projet d'une loi nouvelle ou la réforme d'une ancienne, chaque directoire en réferrera à chaque directoire de district, chaque directoire de district en communiquera à toutes les municipalités de son arrondissement; chaque municipalité de son arrondissement convoquera l'assemblée générale des citoïens et leur proposera le projet de création ou de réforme.

L'assemblée générale des citoïens dans chaque résidence communale dressera procès-verbal du projet qui lui aura été communiqué par le corps municipal, et le procès-verbal signé, sera remis au tribun du peuple pour le faire passer au directoire du district.

Le directoire du district en recevant tous les procès-verbaux des résidences communales de son arrondissement, fera le recensement des arrêtés affirmatifs et des arrêtés négatifs, avec distinction dans les deux cas, du nombre majeur et du nombre mineur qu'il constatera par un procès-verbal soigneusement énoncé avec les noms des résidences du parti affirmatif et les noms des résidences du parti négatif, et adressera ensuite ce procès-verbal au directoire du département.

Le directoire du district, avant d'envoïer au département son procès-verbal de recensement, le fera imprimer et répandre au nombre de deux exemplaires dans chaque résidence rurale, pour l'un être déposé dans les archives municipales du lieu, et l'autre pour être mis en évidence et placardé à la porte de la maison commune.

Par cette précaution, le directoire du district se mettra à l'abri de toute inculpation et de toutes recherches en publiant la fidélité de sa rédaction.

Le directoire du département, en recevant les procès-verbaux individuels des districts de son étendue, dressera lui-même de son côté procès-verbal d'après le vœu des procès-verbaux des districts, sur la majorité et la minorité des délibérations communales qu'il fera pareillement imprimer et l'adressera à ses districts en quantité suffisante et nécessaire pour en faire circuler au moins deux exemplaires dans chaque localité pour l'un être déposé dans les archives municipales et l'autre placardé à la porte de la maison commune, par répétition de ce que nous venons d'annoncer relativement aux formalités obligatoires du district.

Ces formalités remplies, le directoire du département adressera son procès-verbal à l'assemblée résolutive, si la majorité des voix départementales approuve le projet de la loi et en requiert la sanction.

Et si le département désaprouve le projet de loix ou de réforme, ce sera à l'assemblée législative que le directoire adressera son procès-verbal.

L'assemblée résolutive, en recevant les procès-verbaux de tous les départemens, dressera aussi elle-même de son côté procès-verbal de leur réception avec distinction de la majorité affirmative et de la minorité négative ou de la majorité négative ou de la minorité affirmative que l'assemblée fera pareillement imprimer et enverra à tous les départemens avant de passer à la sanction.

Chaque directoire du département constatera sur ses regîtres la réception du procès-verbal à lui adressé par l'assemblée résolutive et de suite fera passer à l'assemblée législative son réquisitoire pour qu'elle demande la sanction à l'assemblée résolutive.

Voilà les procédés qu'il est bien important de suivre pour éviter les surprises, les abus et les coups d'autorité.

L'assemblée législative est destinée à promulguer les loix.

L'assemblée résolutive à les sanctionner et à veiller à leur exécution.

L'assemblée administrative, à raccorder le vœu de toutes les administrations directoriales ; c'est le remplacement des fonctions de tous les ministres, non pas pour ordonner par des circulaires impératives, mais pour entretenir le concert et l'harmonie entre tous les directoires. Cette assemblée n'aura parmi la nation qu'une autorité conciliatoire, mais sa correspondance et ses relations dans l'étranger seront développées avec toute la plénitude des pouvoirs que la nation lui conferera.

Nous avons supprimé dans le plan de cet

ouvrage l'usage des ambassades comme ne servant qu'à entretenir l'espionnage d'une nation à l'autre, à brasser des intrigues et à fomenter des troubles, des désunions et des levains de haine et d'animosité, entre des nations inclinées à se chérir et intéressées à vivre en paix.

L'assemblée administrative entretiendra avec les nations étrangères une correspondance intime par la voie des couriers porteurs de ses dépêches ; cette voie très-simple et peu dispendieuse aura tout l'avantage des ambassades sans en avoir les dangers.

Il résulte des principes figurés dans le plan de cet ouvrage que tous les départemens offrent dans le concert et l'harmonie de leur indépendance politique, le magnifique tableau de quatre-vingt-trois républiques unies et affiliées entr'elles pour leur sûreté et leur défense respectives et le maintien de leur liberté.

La France entière, ses départemens, ses districts, ses municipalités citadines et rurales présentent tous individuellement autant de républiques circonscrites dans leur territoire, mais mariées les unes aux autres de grade en grade par des nœuds assortis au vœu de leur concert et au systême de leur harmonie. Quel spectacle magnifique que le spectacle de cette alliance . . . . . ! La France entière sous les nuances de ce tableau ne présenterait-elle pas dans sa vaste enceinte le temple auguste de la liberté et l'heureux séjour d'Astrée? . . . .

CHAPITRE

CHAPITRE II.

Des Économies.

Il est de la sagesse de la législation de suprimer non-seulement les dépenses inutiles, mais encore les dépenses nuisibles, celles surtout qui tendent à conserver des fonctions abusives et dangereuses.

De ce nombre sont :

La roïauté,

Les places à sa nomination,

Les ministres roïaux,

Les généraux roïaux,

Les états-majors roïaux des places de guerre,

Les colonels roïaux,

Les états-majors roïaux des régimens,

Les commissaires roïaux des guerres,

Les commandans roïaux d'artillerie,

Les états-majors roïaux d'artillerie,

Les inspecteurs roïaux des arsenaux,

Les inspecteurs roïaux des poudres,

Les gardes-magasins roïaux,

Les régimens roïaux

Et tout ce qui tient dans les armées à la roïauté.

Dans la marine:

Les amiraux roïaux,

Les chefs roïaux d'escadre,

Les commandans roïaux de division,

Les commandans roïaux des ports,

Les conseils et tribunaux roïaux de la marine,

Les commissaires roïaux de la marine,

Les inspecteurs roïaux des chantiers et arsenaux,

Et tous les officiers roïaux dépositaires de la force nationale-maritime.

Dans les finances:

Tous les préposés à la nomination du roi,

Les percepteurs roïaux,
Les trésoriers roïaux,
Les liquidateurs roïaux,
Les agioteurs roïaux,
Les régies roïales,
Toutes les espèces de compagnies roïales,
Les fabriques roïales des monnoies,
L'administration roïale des messageries,
L'administration roïale des postes,

Dans le civil:

Toutes les places d'administration à la nomination du roi,

Les commissaîres roïaux,

Les mandataires roïaux auprès des départemens,

Les officiers roïaux de la gendarmerie nationale,

Dans l'administration de la justice.

Tous les membres des tribunaux à la nomination du roi,

Les commissaires du roi, etc., etc.

Dans l'administration et la correspondance étrangères:

Les ambassadeurs,

Les chargés d'affaires roïales,

Les résidens roïaux auprès des despotes étrangers,

Et tous les négociateurs roïaux qui trafiquent au nom du roi, la liberté de leur patrie.

Voilà les réformes qu'il est important de faire pour assurer à la nation la plénitude de sa liberté, et pour assurer à tous les départemens, chacun dans son administration intérieure, l'activité de son indépendance et la faculté disponible de ses droits.

Les trois assemblées suprêmes placées au centre du tourbillon politique, placées en situation d'éclairer le systême planétaire de tous les départemens roulant sur eux-mêmes, ainsi que les globes opaques dans le systême des cieux roulent sur eux-mêmes dans la liberté des élémens; les trois assemblées suprêmes veilleront au concert de cette magnifique harmonie, elles veilleront aussi aux avantages du bon voisinage avec les puissances étrangères.

J'ai suffisamment expliqué les fonctions respectives qu'il serait important d'attribuer à chacune de ces trois assemblées.

Sécurité de la Paix.

Les quatre-vingt-trois départemens étant en bonne intelligence avec les puissances voisines, il conviendra pour l'économie des finances et pour ménager l'équilibre de l'indépendance entre tous les départemens, de n'entretenir aucune force armée sur le pied de la solde, comme pouvant porter ombrage à la liberté des départemens et au système invariable de leur égalité respective.

Il ne doit exister au sein de la paix d'autre force armée sur le pied de la solde, que les régimens classés invariablement au service maritime; et j'ai dit dans la première partie de cet ouvrage, que les troupes navales en activité pour leur destination, soit à terre, soit à bord, ne pourraient jamais être requises comme force citoïenne au maintien de l'ordre public, à peine d'attentats et de forfaitures dont la peine serait encourue par les provocateurs.

En Tems de guerre.

A l'approche d'une guerre à soutenir, les quatre-vingt-trois départemens, d'après leurs délibérations intérieures, ralieront leurs voix et leurs volontés au sein de l'assemblée administrative pour l'ordre et la mesure des préparatifs, des combinaisons auxiliaires sur la somme et l'armement des légions volontaires, que chaque département pourrait mettre sur le pied de guerre.

Les légions de chaque département seraient susceptibles de se rendre au raliement du cercle, pour procéder entre les officiers supérieurs des six départemens, à l'élection de l'état-major de l'armée du cercle et à l'élection du général et de ses lieutenans, ainsi qu'à l'ordre et à la disposition de la marche et des mouvemens d'après l'autorisation toutefois de l'assemblée résolutive, comme formant dans les tems de guerre l'état-major généralissime des quatorze armées des cercles.

Si, pour renforcer le cordon, deux armées des cercles se trouvaient combinées ensemble, le doïen d'âge des deux généraux commandra en chef.

L'assemblée administrative dirigera les dépenses générales de la guerre d'après les décrets de l'assemblée législative, sanctionnés par l'assemblée résolutive.

Je ne m'étendrai pas davantage sur cette partie de la guerre, comme en aïant parlé dans la première partie de cet ouvrage.

A la fin de la guerre, lorsque la paix aura été conclue et signée entre les commissaires de la puissance belligérante et entre les commissaires de la nation, délégués en nombre pair des trois assemblées suprêmes, les armées citoïennes des cercles seront remerciées et invitées d'aller dans leurs départemens respectifs goûter le repos et et les fruits de leur valeur.

Comme j'ai déjà parlé des récompenses héroïques, je n'en dirai rien ici.

Je dirai cependant que les récompenses pécuniaires susceptibles d'être attribuées à titre de pensions à ceux des citoïens bléssés à la guerre, ne feront point partie des dépenses générales, mais feront partie des dépenses intérieures du département sous les drapeaux duquel les blessés auront marché.

Les pensions susceptibles d'être attribuées aux veuves des guerriers trépassés dans les champs de la gloire, seront païées par les départemens où les guerriers étaient enrôlés.

En cas de mort, les pensions viduelles passeront aux orphelins jusqu'à ce que le plus jeune ait atteint l'âge de quinze ans, après quoi la pension s'éteindra.

La pension attribuée aux veuves sans enfans, s'éteindra avec elles.

La pension attribuée au service et aux blessures des guerriers, sera reversible sur la tête de leurs veuves, et de la tête de leurs veuves sur celles de leurs orphelins jusqu'à ce que le plus jeune d'entr'eux ait atteint l'âge de quinze ans, comme il vient d'être dit.

Tous les citoïens actifs et conséquemment enrôlés, seront dans l'obligation, en tems de paix, de s'armer et de s'équiper à leurs frais et de se tenir en tout tems sur le pied militaire.

Chaque municipalité citadine et rurale sera chargée des frais des munitions et de se procurer en tout tems une quantité déterminée de poudres et de balles en cas d'événemens. Ce magasin sera déposé dans la maison commune ou dans telle autre maison publique que la prudence locale indiquera.

J'ai remontré pour chaque département la nécessité de pourvoir le chef-lieu d'une force centrale et d'entretenir une école d'artillerie et une école d'équitation.

J'ai démontré pareillement pour chaque district la nécessité d'élever et d'entretenir dans son chef-lieu l'émulation et le concours des mêmes établissemens.

J'ai conseillé à chaque bourg et à chaque village de se procurer au moins une pièce de canon du calibre de quatre livres de balles; j'ai fait connaître combien une pareille acquisition devenait importante et salutaire dans les cas d'invasion, pour dissiper les camps-volans et les attroupemens qui porteraient le ravage dans les campagnes.

J'ai conseillé à tous les bourgs et à tous les villages de diminuer le tintamarre de leur sonnerie et de faire le sacrifice d'une de leurs cloches qui ne servent qu'à faire du bruit et de la convertir en canon. Cette métamorphose guerrière mettra les villages à l'abri des fléaux qui accompagnent les incursions dans un païs ouvert et qui n'est pas armé.

La sûreté des villes, quand même elles seraient armées sur un pied respectable, est bien intéressée à voter les armemens des villages qui alors la couvrent d'une profondeur de lignes multipliées et formidables. Un pareil païs, ses villes, ses bourgs et ses villages présentent de toutes parts des camps qui se succèdent les uns aux autres en présentant, sur toutes les faces, sur toutes les lignes, un front hérissé d'armes et de retranchemens.

Cette disposition belligérante peut braver les conquérans de la terre, et les nuées de soldats qu'ils lâchent dans leur fureur contre la portion du genre humain, assoupie dans une fatale sécurité.

Le véritable moïen d'éviter la guerre, est d'être armé au sein de la paix. Cette maxime est ancienne, elle a dirigé le systême des corps politiques de la Grèce, et a rendu pendant plusieurs milliers d'années leur liberté redoutable à tous les despotes de l'Asie.

Des Dépenses publiques et élémentaires.

Chaque citoïen réglera selon sa volonté, dans l'intérieur de sa maison l'ordre et l'économie de ses dépenses; en satisfaisant à ce que sa commune locale a le droit d'attendre de lui pour l'union et la défense fédératives, en remplissant au dehors le vœu de sa contribution particulière pour soutenir la prospérité de la dépense publique, sa commune n'a plus rien à exiger de lui.

Chaque localité rurale se chargera elle-même de toutes les dépenses circonscrites dans son étendue et relatives à son organisation intérieure :

La municipalité veillera à ce que tous les citoïens soient armés et équipés sur le pied militaire :

Elle assurera en tout tems dans l'enceinte de la maison commune une quantité déterminée de munitions de guerre conservées dans des barils :

Elle y gardera soigneusement au moins une pièce de canon de quatre et son affût, la mèche et l'écouvillon :

Elle entretiendra au désir de la commune le temple érigé à la divinité et à la réunion des hommages publics, elle entretiendra au-moins une cloche dans la tour ;

Elle payera douze cens francs de traitement au fonctionnaire chargé des soins du temple et de l'éducation publique ;

Elle païera six cens francs de traitement à une fonctionnaire chargée de l'éducation des filles:

Elle païera trois cens livres de traitement au secrétaire-greffier municipal:

Elle offrira un attrait de deux cens francs pour fixer un chirurgien dans sa résidence:

Elle offrira pareillement un attrait de deux cens francs à une matrône qui aura suivi régulièrement ses cours à l'école des accouchemens:

Elle donnera un traitement à l'inpecteur de police, si mal nommé sergent-de-ville:

Elle donnera un traitement à quatre gardes du territoire, surveillans des propriétés, des recoltes et des bois:

Elle fera construire ou entretenir des ponts à garde-fou sur les rivières, ruisseaux et torrens où aboutissent les chemins publics:

Elle mettra en état et entretiendra dans son territoire, les chemins publics, et les mettra sur le pied de chaussée:

Elle suprimera et fera interdire soigneusement les voïettes et les sentiers que la routine et la licence ouvre à travers les prairies et les moissons, lorsque leur nécessité ne sera pas reconnue.

J'ai tracé ce plan de dépenses pour les municipalités rurales, bourgs et villages.

Les petites villes seraient susceptibles de suivre à peu près le même mode.

Quant aux villes d'un certain ordre, leurs dépenses sont susceptibles de varier suivant leur population, leur industrie, leur commerce, leur situation et les autres signes indéfinis qui les caractérisent plus ou moins.

Comme la municipalité rurale, la municipalité citadine doit veiller à l'armement et entretenir sur le pied militaire tous les citoïens enrôlés dans l'enceinte de la ville.

La municipalité citadine doit veiller à l'entretien et à l'embélissement de la maison commune :

Elle doit pourvoir aux frais de ses bureaux :

Elle doit pourvoir et déposer dans la maison commune une quantité relative de munitions de guerre, des poudres, des balles, le tout renfermé dans des barils :

Elle doit entretenir en tout tems dans la maison commune un nombre relatif de pièces de canons.

Elle doit pourvoir à la destination des marchés, à leurs enceintes et à leurs abris :

Elle doit pourvoir à l'utilité salutaire des aqueducs et des fontaines :

Elle doit pourvoir à l'embellissement des places :

Elle doit pourvoir à la construction exigible et à l'entretien des ponts, à l'entretien des ports et des berges, et à l'infodation du lit des rivières ou fleuves ;

La municipalité doit veiller à l'entretien, à l'illumination et au chauffage des corps-de-gardes citoïens.

Elle doit pourvoir au traitement des fonctionnaires du temple et de l'éducation publique :

Elle doit pourvoir au traitement des femmes fonctionnaires de l'éducation publique des filles :

Elle doit pourvoir au traitement des inspecteurs de police chargés sous ses ordres de veiller au nétoiement du pavé et aux illuminations publiques.

La municipalité doit entretenir aux frais de la commune les mails et promenades publics:

Elle doit entretenir les chaussées de son territoire jusqu'aux limites où elles en sortent.

Je viens de présenter un aperçu des dépenses des localités rurales et citadines; il est important de ne pas perdre ces deux objets de vue comme formant la base des principaux résultats qu'il sera bientôt question de développer.

CHAPITRE III.

Des Monnoies.

LES monnoies sont des signes de représentation, sont des signes indicatifs de la valeur de tous les objets; les monnoies sont les procédés des échanges, les gages de la foi publique.

L'or, l'argent sont susceptibles de recevoir l'empreinte qui fixe et détermine l'individuité de leur valeur; elle varie avec les païs, l'opinion et les loix, elle diminue ou s'accroît d'après la rareté ou l'abondance de son espèce; c'est sur cette variation que se sont élevées ces spéculations obscures de la banque et de l'agiot de change, le trafic des monnoies qui gagnent dans la comparaison avec celles des autres païs.

L'or, intrinsequement, tient le premier rang entre tous les métaux; l'argent tient le second:

le préjugé cependant a trop exalté la supériorité de leurs attributs sur le régne métallurgique, l'ignorance leur suppose une pureté essencielle qui néanmoins ne les met pas à l'abri de cette souillure intestinale qui, plus particuliérement que les autres métaux, caractérise le cuivre. L'or, l'argent recèlent dans leurs veines un germe hostile et destructeur, dont le développement à toutes les atteintes du verd-aigri; ses simptômes échappent au jour et à l'œil observateur, son action est lente, insensible et couvre de son ombre le soupçon de ses dangers.

La politique, légalement autorisée du consentement du peuple, aurait pu frapper sur des plaques de cuivre ou de fer une empreinte qui leur attribuant, par remplacement la valeur des espèces d'or et d'argent, leur aurait en même tems attribué les hommages qui avaient honoré ces derniers; la politique aurait pu opérer cette révolution dans les signes et le choix du numéraire, elle le pourrait encore à l'aide de l'opinion, si toutefois la prudence permettait en Europe et dans les climats du Nord où le cuivre et le fer sont abondans, de porter ces métaux à ce dégré d'élévation.

L'or, l'argent, abstraction réservée de leur mérite intrinseque, considérés comme matières, n'ont dans le cours du commerce et des échanges qu'une valeur auxiliaire que l'opinion et le besoin sont invités de leur accorder.

De quelques espéces, de quelques matières que puissent être les monnoies, elles sont respectables quand elles sont homologuées par l'opinion, de laquelle elles sont immédiatement dépendantes. Les administrations supérieures ne peuvent sans se rendre coupables de billonisme, soumettre les monnoies à des variations arbitraires, ne peuvent substituer, accroître ou modérer le tarif de leur valeur, altérer les signes de leur comparaison sans au préalable consulter le vœu des puissances élémentaires, le vœu des municipalités.

Quand une étendue de païs a adopté, a reconnu la même loi, quand toutes les sections de cette étendue ont uni leurs intérêts, leurs raports au destin d'une même république; elles doivent convenir entre elles des mêmes signes, attacher sur les monnoies la même valeur, la même comparaison.

La république doit avoir la même monnoie avec cette réserve; par exemple, la France doit avoir e même numéraire frappé de la même empreinte; mais cette faculté de frapper les espèces ne doit pas être arbitrairement restreinte, ne doit pas être exclusivement attribuée à certaines villes lorqu'ellesr n'ont pas les qualités politiques pour obtenir cette préférence; la faculté de frapper les monnoies appartient de droit politique à chaque département, et conséquemment à la résidence où l'administration directoriale tient ses exercices.

Chaque directoire ou département serait alors susceptible, de ses fonds propres et particuliers, d'être pourvus de matières en lingots d'or, d'argent et de cuivre, pour frapper chaque année à l'instar des autres directoires, le nombre des espèces reconnu nécessaire et et convenu expressément entre eux.

Chaque espèce d'or serait susceptible de figurer sur son empreinte une gerbe entre un chêne et un scep de vigne surmonté d'un soleil au méridien, et sur l'exergue, *République Française* ; sur le verso de la pièce, pour empreinte: une charue et tous les autre attributs aratoires surmontés d'une étoile placée en raïon de sphère, et sur l'exergue, cette légende : DIRECTOIRE DE. . . . . . N°. . . . ; c'est à dire, le chiffre de classement que tient le directoire suivant l'ordre alphabétique.

Les espèces en argent seront susceptibles de recevoir la même empreinte.

La monnoie de cuivre ou de billon serait susceptible de figurer sur son empreinte les attributs des arts libéraux, et sur le verso, les attributs des arts et métiers; et sur les exergues, les mêmes légendes que sur les espèces en or et en argent.

Ce n'est pas assez d'effacer les traces dont l'insolence des tyrans a flétri le genre humain ; ce n'est pas assez de substituer sur les monnoies, de subsituer à l'empreinte du despotisme, le symbole de l'industrie et de l'abondance, il faut encore substituer au nom que son orgueil à donné aux espèces en or une appellation nouvelle et plus digne: verra-t-on encore long-tems, sur les monnoies d'une nation qui veut être libre, la face ignoble d'un despote?

Si les Européans, réfléchissaient sur la fouille des mines d'or et d'argent, s'ils pouvaient assister à ces ateliers de douleur, creuser dans les abîmes du Pérou et du Potosi, la vue seule d'une pièce d'or ou d'argent leur rappellerait dans leur pays un souvenir cruel et déchirant par l'idée des victimes que la férocité espagnole transporte des bords de l'Afrique dans les tombeaux du nouveau monde: oui, les Européans frémiraient, et peut-être ne seraient-ils plus surpris des malheurs auxquels ces métaux donnent naissance.

Les Nègres que les *Créoles-Indos* engloutissent vivans et renferment dans les vastes sépulchres de cette contrée barbare sont les premières victimes immolées à la recherche de l'or; et lorsque ce funeste métal est sorti de la nuit souterraine où la nature le tenait caché loin de la vue des humains, il sacrifie ceux d'entre eux qui, pour l'obtenir brûlent d'une soif criminelle.

Mais ces victimes de leur avidité montent à un nombre incalculable, c'est le supplice de Tantale, éternel comme lui, mais plus cruel encore puisqu'il atteint successivement les générations qui se poussent du néant, et qui, passant rapidement sur le théâtre du globe, vont se jetter et se perdre dans le gouffre de la mort.

L'or, l'argent sont donc des métaux fatals à l'humanité, fatals à ces malheureux Nègres que l'avidité de leurs bourreaux plonge et précipite dans la nuit de ces ateliers funèbres; ces métaux sont encore plus fatals à la grossière opinion de ces maîtres farouches qui les font fouiller, plus fatals encore à l'idolâtrie des Européans qui seraient moins malheureux s'ils eussent pu ignorer l'existance et l'usage de ces dangéreux fossiles.

Que de maux la nuit du mystére ne recèle-t-elle pas? Que d'attentats couverts du voile du silence et de l'impunité pour arracher l'or des mains d'un possesseur paisible?

Que d'attentats clandestins commis par cette criminelle convoitise? Que d'attentats, que d'attentats, que d'attentats . . . . ? je m'arrête . . . . bientôt ma plume se souillerait des ombres et des couleurs du crime, si je la fixais plus long-tems sur la citerne des forfaits ignorés et enfouis que la convoitise de l'or a seul fait commettre.

C'est la découverte du Méxique, du Pérou et du Potosi, c'est la découverte du Brésil et du Paraguay, c'est l'or et l'argent que la nature avait recélé dans ces contrées, qui, transportés en Europe, y ont causé des ravages dans les mœurs que les avantages de ces métaux ne pourront jamais compenser.

L'or, l'argent versés du sein de l'Amérique sur la surface de l'Europe, ont prêté dans cet ancien hémisphère, des moïens à la tyrannie des pervers: ce sont ces métaux du nouveau monde qui ont élevé le colosse du despotisme sur les ruines et la violation des droits du genre humain, ce sont ces métaux qui ont mis aux gages et à la solde . . . . du trône ces armées permanentes et destinées, moins pour la défense des frontières, que pour faire taire devant les baïonnettes roïales, la voix et l'action de la liberté publique ; ce sont ces métaux, qui ont créé en Europe ce luxe asiatique dont l'entretien dévorant exige de la cour les plus coupables abus, le rafinement et la violence des exactions fiscales ; ce sont ces métaux qui, en amenant le luxe ont corrompu toutes les vertus politiques, ont ôté à l'homme cette mâle énergie, ce sublime intérêt pour la chose publique, ce brûlant enthousiasme pour l'indépendance, et qui ont ôté à la femme les plus beaux ornemens de son sêxe, cette dignité majestueuse, cette fierté héroïque embellie de toutes les graces, de la décence et de la candeur.

Européans, apprenez à vous passer dans le signe et la comparaison de vos échanges de ces métaux fouillés à trois mille lieues de vous : remplacez cette valeur de convention par une matière qui, pour être produite et circulée dans la société, ne coûte pas la vie des hommes.

Le papier-monnoie présente bien cette estimable avantage, mais il est sujet à périr par le feu et à s'anéantir par l'eau.

Le cuivre originaire de vos climats, tiré des entrailles de la terre par des bras libres destinés volontairement par profession à ce travail qui cesse d'être dangéreux dans les ateliers de la liberté : le cuivre enfin, vous offre les mêmes ressources que l'or et l'argent; il est susceptible d'être appliqué à tous les signes de valeur qu'il vous plaira lui attribuer.

Avec le cuivre, vous pouvez former:

Des pièces de trois deniers,
De cinq deniers.

Vous pouvez former:

Des sols de douze deniers,
Des pièces de deux sols,
Des pièces de trois sols,
Des pièces de cinq sols,

Des pièces de dix sols,
Des pièces de quinze sols,
Des pièces de vingt sols.

En épurant le métal progressivement à son ascension de valeur, sans beaucoup augmenter le volume et le massif des pièces supérieures.

En épurant la qualité du cuivre progressivement, et en augmentant de très-peu son massif, vous pouvez tirer :

Des piéces de vingt-cinq sols,
Des piéces de cinquante sols,
Et des pièces de cent sols.

A partir de ce terme, vous pouvez créer une monnoie en fer poli laminé ou bien en acier dont la valeur commencerait depuis :

Dix livres,
Quinze livres,
Et continuerait à
Vingt-cinq livres,
Cinquante livres inclusivement.

On sait que pour donner de l'éclat à cette

monnoie et un caractère de consistance et de durée, il est nécessaire d'y amalgamer par les procédés élaboratoires de la chymie, les sources métallurgiques susceptibles de contribuer à leur perfection purifiée et à leur beauté.

Mais, dira-t-on, ces métaux étant originaires des climats de l'Europe et y étant abondans et d'un usage ordinaire et à la portée de tous les hommes, n'aurait-on pas à craindre des contrefaçons qui dérangeraient l'équilibre des valeurs reorésentatives et des valeurs représentées?

Réponse.

Quelque soit le choix et l'espèce des métaux que l'on mettrait en circulation par remplacement de l'or et de l'argent, il est sous-entendu que le métal adopté doit sortir de sa classe, c'est-à-dire, qu'il doit être épuré et perfectionné, et il n'y a point de métal qui, avec le secours de la chymie, ne soit susceptible à poids égal de valoir intrinséquement l'argent et même l'or: et quel serait l'ennemi de la patrie, quel serait le falsificateur qui oserait tenter le pas hardi, qui oserait s'engager dans les travaux et les dépenses qu'exige le raffinage et appliquer une empreinte qui, quoiqu'évidente et publique recele toujours un secret que le fabricateur légitime, que les dépositaires de la loi connaissent trop bien pour ne pas arrêter dans sa naissance une monnoie à faux tarif; car, abstraction de l'empreinte, si le falsificateur conduisait en émission un métal perfectionné au tarif, sa fidélité ne pourrait lui être imputée à crime et sa profession ne serait jamais assez lucrative pour qu'il put la continuer long-tems, étant toujours placé entre l'inquiétude et son travail clandestin.

Au contraire, le papier-monnoie offre beaucoup plus de moïens, beaucoup plus de facilité dans la falsification, cependant elle n'est pas ordinaire, et cette sourde intrigue ne séduit de loin en loin que quelques misérables couverts d'infamie et égarés du sentier de la raison et de l'honneur.

Or, il serait infiniment plus difficile de contrefaire des métaux montés à un tarif présupérieur, de lui appliquer une empreinte légale et de le mettre en émission : une pareille entreprise exige une succession de procédés qui ne peuvent pas long-tems la laisser ignorer, elle exige des emplacemens commodes et favorables pour le siège de l'atelier, des ustenciles et des ouvriers, mais des ouvriers dont le silence acheté ruinerait toutes les probabilités d'un bénéfice mal conçu.

Au surplus, la fabrication occulte du papier-monnoie est un faux, et par là repréhensible aux yeux de la loi : repréhensible encore considérée comme larcin, car celui qui trompe le public par cette perfidie, ne différencie que par le mystère de ces manœuvres du brigand qui dévaste et qui ravage à force ouverte.

La fabrication clandestine de la monnoie, pour avoir moins d'inconvéniens, n'en est pas moins criminelle : c'est un attentat contre la souveraineté du peuple, c'est une surprise à la confiance, c'est un désordre dans les évolutions des échanges, c'est une infraction au vœu de la liberté publique compromise et blessée par cette licence.

De quelque côté qu'on tourne les yeux sur la surface de l'Europe, tous les états sont travaillés par la pénurie du numéraire.

L'Espagne qui est en possession des mines du Pérou et du Potosi, éprouve une disette de numéraire, éprouve une disette dont les étreintes l'obligent à recourir à des expédiens, à recourir à des emprunts étrangers, fatale ressource qui assiège la langueur de ce cadavre décharné.

Le Portugal en possession du Bresil et d'une vaste étendue dans la Guadiane, le Portugal en possession en Amérique sous le ciel le plus heureux d'une surface égale à l'étendue de l'Europe, le Portugal est comme l'Espagne frappé de paralysie, il décline de jour en jour et éprouve par intervalle des crises violentes dans la pénurie de son numéraire.

L'Angleterre, cette puissance maritime du premier ordre, est perpétuellement agitée dans les convulsions de ses besoins politiques : elle est grévée d'emprunts et d'engagemens onéreux : son roi et ses ministres ont porté à ses finances une atteinte qui afflige cette région d'une plaie gangrénée qui ne pourra se guérir que par la chûte du trône de la grande Bretagne et de l'hidre aristocratique qui dévore ce païs.

La Hollande autrefois si célèbre, autrefois la banque et le trésor de l'Europe, tombe dans l'assoupissement depuis que son statouder aidé par le tyran de la Prusse, a fait triompher dans ce païs le parti aristocratique : si les Hollandais n'ont pas le courage de prendre les armes et d'abaisser l'orgueil de leurs ennemis ou de les chasser, la source de leurs richesses sera bientôt tarie, et déjà le numéraire a perdu de sa circulation et de son abondance, et cette, terre jadis si florissante, est menacée des afflictions, compagnes inséparables de l'esclavage et de ses malheurs.

L'or, l'argent sont très-rares en Allemagne, ils sont encore plus rares dans le Nord de la Baltique.

L'or, l'argent circulent très-peu en Pologne et

et en Prusse et sont à peine connus en plusieurs contrées de ces deux états.

La Russie, ce grand corps criblé de dettes gémit sous l'empire des besoins que le faste et l'arrogance du despotisme ne sont guères propres à adoucir.

La Turquie déchirée dans ses entrailles par des actes de violence et de tyrannie, n'est pas dans une situation plus favorable, l'or, l'argent n'y sont pas moins rares, malgré ses vastes domaines et l'opinion de ses richesses dans l'Orient.

La Hongrie entourée de cette disette universelle, ne voit l'or et l'argent que dans le luxe et l'ostentation de ses ma[illegible] de ses oppresseurs.

L'Italie, malgré sa situation heureuse sur tant de mers qui l'appellent au commerce, éprouve comme dans le reste de l'Europe une extrême pénurie d'or et d'argent : à l'exception de Venise, de Gênes et de Livourne, le reste de ce grand païs ne voit l'or et l'argent qu'à la faveur du charlatanisme de ses prêtres, et de leur astuce pour l'arracher aux autres nations bercées dans le sommeil et la langueur du catholicisme.

L'or et l'argent font donc sentir dans toute l'Europe une rareté qui obstrue la voie des échanges du commerce et de l'industrie: c'est une fièvre épidémique qui a gagné tous les climats du continent. Cette maladie est susceptible de s'irriter de plus en plus dans ses accés. L'épuisement des mines du Pérou et du Potosi est un avis salutaire à toutes les nations de l'Europe pour pourvoir au remplacement de ces deux métaux hétérogènes.

Il ne s'agit pas ici d'en rechercher la cause: elle est dans le luxe des Européans, elle est dans leur goût irascible pour les marchandises de l'Inde, et c'est dans les climats de cette vaste partie de l'Asie qu'ont été s'engloutir les deux tiers des trésors fouillés dans les mines du nouveau monde. Ce mal politique est sans remède, mais il reste cependant aux nations de l'Europe des moïens d'y parer, en remplaçant le numéraire d'or et d'argent par des métaux susceptibles d'être perfectionnés dans les fourneaux de la chymie, susceptible d'atteindre la pureté de l'or, et de triompher de l'argent et de son éclat.

L'Europe ouvre à l'industrie de ses habitans une nouvelle source de consolations et de richesses d'autant plus certaine, d'autant plus constante, qu'elle est indigène à son climat et à la prospérité de ses mines.

Si cette nouvelle monnoie n'était pas adoptée dans l'Inde, il en résulterait un avantage en faveur des fabriques et des manufactures européanes qui alors seront seules chargées de concourir à la consommation continentale, et ce moment sera le réveil des arts, du commerce et de l'industrie. Les gouvernemens de l'Europe acquerront plus de nerf, plus de consistance plus d'activité dans leurs mouvemens, une plénitude de force et de puissance, un air plus animé dans l'attitude et la physionomie, parce qu'ils recèleront dans leur sein l'industrie, cette première source des vraies richesses et les signes des valeurs réelles.

La raison invite les nations de l'Europe à adopter cette résolution et à ne pas différer plus long-tems à guérir l'obstruction qui les tient engourdis et frappés de paralysie et de marasme.

La France qui, sur le théatre de l'Europe joue un des plus grands rôles par l'influence des lumiéres et de la philosophie, est plus capable qu'aucune des autres puissances à donner cet exemple : qu'il soit imité ou non, son intérêt lui fait une loi impérieuse de prendre ce parti ; que son nouveau numéraire soit accueilli ou non chez ses voisins, dans tous les cas il lui restera : elle n'aura pas à courir l'inconvénient de ces accaparemens ténébreux qui, depuis long-tems attirent son or et son argent chez l'étranger où ils passent à la fonte et au creuset, et deviennent pour la France perdus sans ressource.

Si la France adopte dans ses monnoies supérieures une nouvelle matière, ses voisins ne tarderont pas à l'imiter, alors l'équilibre sera bientôt rétabli en Europe entre les valeurs représentatives et les valeurs représentées, et la nouvelle matiére adoptée dans les monnoies, ne tentera plus l'avidité pour les éteindre dans le creuset.

L'or, l'argent ne perdront rien de leur tarif dans le procédé des finances : leur usage pourra être réservé en meubles et en vaisselles.

Quant à ce qui concerne la France particulièrement, c'est à chacun de ses départemens à frapper monnoie, après que la nation entière sera convenue sur l'espèce des métaux que la prudence l'invite à adopter.

CHAPITRE IV.

Des Finances.

LA partie des finances est devenue depuis un siècle et demi une espèce de grimoire, que les ministres chargés de cette branche d'administration, se sont efforcés avec une mystérieuse inquiétude, à rendre de plus en plus obscure, de plus en plus embrouillée. Depuis Colbert jusqu'à Necker, les finances sont tombées dans le puit de l'abyme, ont été successivement ensevelies dans l'horreur de ses ténèbres.

Les ministres ont provoqué le bouleversement des finances, les ont plongé dans le cahos pour couvrir le jeu souterrain de leurs manèges et les abus outrageans de leurs fonctions.

L'esprit de complication dans l'art d'administrer, suppose ou des talens médiocres et asservis au joug méthodique des formes, ou des intentions équivoques. Il est de l'essence du génie de répandre la clarté jusques dans les opérations qui exigent de l'étude et une méditation profonde. Cette facilité lumineuse, cette facilité amie de la précision est toujours une présomption avantageuse en faveur des vrais talens et de la capacité.

On espérait que la première législature porterait dans le labyrinthe des finances le flambeau de l'évidence et de la certitude, mais cette assemblée réformatrice, au lieu de rappeller les finances de leur cahos, s'est précipitée elle-même dans la nuit de ce funeste désordre.

C'est une matière encore neuve, c'est une tâche imposée aux réformateurs suivans.

C'est un devoir envers tous les contribuables, envers tous les citoïens, c'est un devoir enfin, que les représentans de la nation doivent acquitter envers leurs commettans.

Assurément, une des premières obligations, est de rappeller les finances à une simplicité exacte et précise à une clarté mathématique qui, par la certitude de leur résultat, préviennent la sécurité publique, et sollicitent du patriotisme le zèle des contributions particulières.

Chaque directoire aïant individuellement de droit politique la faculté partielle de la souveraineté, la faculté de réagir sur lui-même dans les actes administratifs, chaque directoire forme un état particulièrement distingué; chaque directoire doit jouir parmi ces avantages, de celui de gérer ses finances, d'en consacrer l'emploi et les économies.

Il doit conséquemment y avoir dans chaque directoire ou département un trésor public confié à la vigilance et à la garde d'un officier chargé de correspondre immédiatement avec le corps administratif, et de recevoir et verser les deniers sur son autorisation légale.

Ce trésorier sera publiquement comptable de la recette et de l'emploi de sa caisse, en présence des clubs ou sociétaires de la liberté.

Les revenus des terres et propriétés publiques situées dans l'étendue du département, le prix de celles qui sont vendues ou qui sont susceptibles de l'être, les revenus des eaux et forêts, les revenus des contributions civiles, seront versées dans le trésor du département.

La masse de la dette nationale doit être rassemblée dans toutes ses parties sous un seul apperçu de remboursement des capitaux.

Cette masse doit être divisée par fractions de départemens et distribuée en lots dans chacun d'eux.

On aura égard autant que l'on pourra, de classer les lots et de les approximer à la résidence des créanciers.

Chaque directoire prendra des arrangemens et des époques pour effectuer la liquidation des capitaux, en commençant par les contrats d'un ordre inférieur.

Tous les contrats de rentes perpétuelles sont susceptibles de remboursement, et chaque directoire pour le bien de la république, doit s'occuper d'en accélérer l'entière liquidation.

Les contrats des rentes viagères sont également susceptibles de remboursement, en tenant compte aux placeurs du revirement de leurs capitaux sur le pied de cinq pour cent, sauf à déduire sur chaque capital, l'excédent de cet intérêt que le placeur a touché depuis le premier quartier de son placement jusqu'à l'époque fixée par l'administration directoriale pour effectuer le remboursement.

Quel est le plus méprisable ou du placeur viager ou de l'emprunteur ? l'un et l'autre mérite d'être livré à l'exécration publique : sans doute, qu'il n'appartenait qu'aux plus vils des individus, il n'appartenait qu'à des valets souillés dans l'ordure de l'antichambre et de la garde-robe, il n'appartenait qu'à des égoïstes féroces, de renoncer au monde entier par un placement qui leur assurait une vie commode en fermant la porte à des héritiers malheureux et souffrans, et il n'appartenait qu'à des ministres et à des rois, de présenter un appât grossier à des cœurs dépravés, en ouvrant des emprunts perfides à des conditions qui brisent les nœuds les plus saints de la société, et qui étouffent la nature et sa voix.

Je ne puis trop inviter la nation française, je ne puis trop inviter chaque département en particulier, d'effacer pour jamais les traces barbares des emprunts viagers, de ces emprunts, où l'égoïsme s'enveloppait de son manteau pour couvrir son endurcissement et sa cruauté.

Les vertus d'une république démocrate condamnent ces spéculations barbares, ces calculs qui marchandent la durée de l'existence et qui jettent tout vivant le placeur dans le cercueil sans compter avec la mort.

Le trésor public de chaque directoire serait aussi susceptible de païer la pension à ceux des ci-devant possessionnaires dont les biens sont figurés dans la circonscription de son étendue.

Il importe de fixer l'ordre des finances dans chaque directoire pour déterminer la justesse de leur application, et pour établir la fidélité et l'évidence des comptabilités ; mais pour justifier de l'exactitude et de la validité de ses opérations, chaque trésorier de son directoire, fera imprimer de trois mois en trois mois à la diligence du tribun général, et fera distribuer un cadastre en nombre suffisant d'exemplaires, contenant l'énonciatif et l'ordre clairement exprimés de la recette et de l'emploi de sa caisse, et de ce qui lui reste pour être versé au trésor de l'épargne, le tout constaté et certifié par l'administration.

Rien de plus propre que la clarté dans les finances, rien de plus propre que la publicité et l'évidence de ses opérations pour encourager l'émulation et l'activité des contributions particulières : et ce procédé qui convient à des peuples libres, est plus efficace que les sourdes contraintes, que les vexations ténébreuses de vils agens du despotisme qui, sous le nom d'intendans, ravageaient les campagnes avec des hordes d'archers et de soldats.

Enfin il en résultera de la division de la masse des dettes, de sa distribution partielle dans les quatre-vingt-trois directoires, il en résultera de la clarté, de la précision dans les finances; il résultera de ce partage une émulation universelle, un encouragement fondé sur la confiance des peuples, un empressement dans les contributions particulières pour étoindre la dette publique, et relever le crédit national. Chaque directoire, chaque district, chaque municipalité, chaque citoïen seront invités par honneur, à purger l'état d'une dette contractée sous le nom de la nation française, dans un tems et sous l'abandon funeste de ses pouvoirs ; contractée par le despotisme dévorant de Louis XIII, de Louis XIV, de Louis XV. et de Louis XVI ; contractée par des rois qui, tour à tour se sont joués avec indécence de la nation française au milieu de cette tourbe de bandits qui peuplent la cour sous le faste de l'orgueil et sous les couleurs du crime.

C'est aux administrations directoriales à effacer les traces dégoûtantes de ces tems d'opprobre et de malheur ; c'est aux administrations directoriales par des nouvelles dispositions d'ordre à affranchir la république des engagemens que l'honneur lui impose, que l'honneur lui fait un devoir d'acquitter ; c'est au trésor de chaque directoire à ouvrir la source féconde de ses moïens pour liquider ces dépenses particulières et sa portion dans la dette politique.

Jamais, non jamais on ne verra lever sur les finances le soleil de la vérité, jamais on ne verra fondre la masse entassée des dettes, jamais on ne verra tarir la source ténébreuse des abus, si les revenus des départemens vont tous se rendre, se confondre dans un même centre, vont s'épancher, vont s'engloutir dans un seul trésor: les départemens perdent alors les attributs de la liberté; les départemens perdent chacun leur dignité individuelle et élémentaire, la dignité républicaine; ce ne sont plus que des provinces condamnées à verser servilement dans le gouffre de la puissance le produit des revenus et des contributions; ce ne sont plus que des provinces tributaires de la puissance qui tonne sur leurs têtes, de cette puissance fatale, armée des forces qu'elle a surprises, qu'elle a ravies aux départemens dans le sommeil de leur léthargie.

CHAPITRE V.

Des Chemins publics.

IL n'existe en France dans ce moment, d'autres grandes routes, que celles qui conduisent d'une ville à une autre, et encore ces établissemens ne sont pas en vigueur dans tous les païs.

Il résulte de cette négligence impolitique la désuétude du commerce et de l'industrie dans les villes privées de routes faciles et commodes.

Les chemins publics sont les véhiculaires des communications que les hommes et les païs ont besoin d'entretenir entr'eux pour se secourir mutuellement et procéder à des échanges fondés sur la réciprocité des besoins.

Ce n'est pas assez qu'il existe dans un païs des routes commodes et aisées pour conduire d'une ville à une autre, il faut encore que les bourgs et les villages aïent des chemins praticables dans l'échelle de leurs relations interpoles.

Cette entreprise généralisée sous tous les points de correspondances et de rapports, effraïera peut-être au premier coup d'œil ces esprits timides qui, portant par-tout le doute et le scepticisme, ne jugent des possibilités que quand elles sont exécutées.

Le plan que l'on propose ici, entre dans l'ordre des possibles; le zèle et la volonté sont les mobiles essenciels à son accomplissement.

Pour rendre l'exécution uniforme et applicable à toutes les localités communales, il conviendrait que chaque ville, que chaque bourg, que chaque village se chargeassent de la confection et de l'entretien des routes enclavées dans leur territoire jusqu'aux limites de leur finage; la route en cet endroit devient à la charge du ban ou territoire sur lequel elle passe; et en continuant dans sa prolongitude sur les mêmes procédés, la France offrirait par-tout des routes commodes qui rappelleraient le commerce et l'industrie du sommeil de leur langueur.

L'gricaulture

L'agriculture et l'industrie rurale acquerront par les nouveaux débouchés et la facilité des transports, une activité susceptible de doubler les résultats de leurs produits et de leurs ressources.

Les villes de leur côté, gagneront en fournitures par l'abondance des campagnes, et par le revirement du retour elles y feront circuler l'industrie habitante des cités, les enfans des arts commodes et utiles qui ajoutent à la vie de nouvelles jouissances sans admettre le superflu et les frivolités du luxe.

Chaque municipalité, pour les routes renfermées dans son territoire, pourra en adjuger l'entreprise au rabais. Alors par-tout, soit dans les villes, soit dans les campagnes, une foule de manouvriers seront susceptibles de trouver dans tous les tems et particulièrement dans les mortes saisons, une ressource dans le travail et l'atelier des routes.

Des vieillards et des enfans trouveraient aussi à s'y occuper; les entrepreneurs pourront les emploïer à épierrer les champs en jachères ou versaines, et le soulagement salutaire qu'éprouveraient les terrains, serait un service signalé rendu à l'agriculture : les propriétaires territoriaux sont invités de leur côté par leurs propres intérêts, à encourager par des récompenses les mains pénibles qui purgeraient le sol d'un fardeau nuisible à sa fécondité.

Quant à la confection des ponts sur des torrens, ravins, ruisseaux et petites rivières, le département, c'est-à-dire, le trésor public entrera pour la moitié des frais avec la commune sur le territoire de laquelle les ponts seront à bâtir, bien entendu que ces ponts seront jetés sur la chaussée : tout autre pont qui serait pour l'avantage particulier de la commune la regardera seule pour les dépenses.

Si le pont à bâtir se trouve engagé dans les limites de deux territoires, la commune de l'un et de l'autre de ces deux territoires supportera un tiers chacune de la dépense, et le trésor du département l'autre tiers.

L'éntretien des ponts sera à la charge des communes, excepté dans les cas où les débordemens et les inondations auraient causé des dégâts considérables; alors les frais seront à la charge du trésor départemental.

Les ponts jetés sur les rivières navigables réputées fleuves, seront entièrement à la charge du trésor départemental, soit pour la confection, soit pour l'entretien.

Si les ponts jetés sur les rivières navigables sont sur le territoire et à l'entrée d'une ville, les frais de confection et d'entretien, seront totalement à la charge de la ville, à moins qu'elle ne justifie de son impuissance pour supporter seule le poids de cette dépense.

Les digues et chaussées établies ou décidées à établir sur le rivage des rivières ou fleuves, seront à la charge des territoires sur lesquels elles seront élevées.

Les tranchées qu'il serait important d'ouvrir dans le flanc des montagnes pour radoucir l'escarpe ou l'inclinaison des chemins, seront entièrement à la charge du trésor départemental.

Il convient de réparer le vice des anciennes chaussées, d'effacer ces tournoiemens, ces coudes obliques, qui font de certaines routes des allées de labyrinthe sur lesquelles les rouliers et les voïageurs semblent à chaque instant revenir sur leurs pas.

Le tracement des routes doit être en rectiligne, excepté cependant dans les situations où il faut éviter les profondes cavités des vallées, et les rebelles sommets des montagnes altières.

Mais, pour éviter ces empêchemens physiques, on peut très-bien se dispenser de serpenter la route : il suffit dans le tracement de l'incliner en ligne diagonale et sphérique.

Le voïageur s'appercevra à peine de cet écartement qui, ménagé sur sa prolongitude, lui épargnera l'ennui et la fatigue que des distances répétées font naître avec un mélange de tristesse et de mélancolie.

Les préposés au tracement des routes ne peuvent, sans manquer à la foi publique et sans déranger l'équilibre des loix, déligner la rectitude verticale des routes pour ménager certains terrains au préjudice des autres.

La bande de terre qu'il faut prendre sur le sol que la route doit traverser, doit être remboursée comptant aux propriétaires, d'aprés l'évaluation et l'expertise de trois laboureurs.

Ces frais de remboursement indemnible, sont susceptibles d'être au compte du trésor départemental.

Il est à propos d'instituer dans le chef-lieu de chaque district un géomètre appointé par le trésor public pour tracer les routes, inspecter les travaux, et aider de ses conseils les adjudicataires et entrepreneurs.

Il importe aux propriétaires dont les terrains sont adjacens aux chemins publics, d'ouvrir au pied de leur champ des saignées pour le réceptacle et l'écoulement des eaux, et un adossement ou parapet pour défendre les terrains en emblaves de toute invasion.

En établissant des routes par-tout, il ne se trouvera pas un seul village qui ne soit lié dans l'échelle de ses rapports à tous les païs, à toutes les villes de commerce et d'industrie; en établissant des routes de village à village, de village à villes, ces chemins ferrés dispenseront alors les voïageurs et voituriers d'entrer sur les terres ensemencées et de fouler les moissons pour éviter les ornières et les mauvais pas des chemins de traverse.

Il serait bien à souhaiter pour l'embellissement des routes, autant que pour la commodité et l'agrément des voïageurs, que l'on plantât sur une rangée de chaque côté de la route, un alignement d'arbres qui, dans les tems pluvieux offriraient un abri au voïageur surpris en campagne par l'orage, et lui offriraient durant les grandes chaleurs, la fraîcheur d'un ombrage salutaire.

CHAPITRE VI.

Des Postes aux Lettres, Postes aux Chevaux, Diligences et Voitures publiques.

LA poste aux lettres étant le dépôt de la confiance publique, l'inviolabilité de sa garde est une de ces obligations sacrées qu'aucun motif ne peut enfreindre.

Il doit y avoir dans le chef-lieu de chaque département, dans le chef-lieu de chacun de ses districts, une boîte aux lettres doublée en fer battu, ouvrant à secret et dont la clef doit être en tout tems déposée dans une armoire de la maison commune.

L'ouverture de la boîte aux lettres doit se faire par un conseiller municipal, assisté d'un de ses collègues, en présence d'un officier et d'un fusilier de la garde nationale et du directeur de la poste aux lettres.

La distribution des lettres pour les routes latérales et en croisière, doit s'opérer scrupuleusement en présence des deux conseillers municipaux, et être remises à la charge des conducteurs des différentes routes, lesquels conducteurs seront tenus de signer avec les conseillers municipaux sur le regître des actes d'envoi.

Il conviendrait, peut-être, pour les heures de la nuit, de faire escorter le conducteur de poste en poste par un fusilier de la garde nationale, auquel il serait attribué une gratification en indemnité de son déplacement.

Dans un païs libre, dans un païs sur-tout, qui veut pourvoir à son harmonie par la sagesse des institutions, il ne convient pas que la poste aux lettres soit confiée aveuglément à des particuliers protégés; il convient encore bien moins que la poste aux lettres soit affermée et confiée par un bail à des compagnies exclusivement privilégiées.

Je pense que la boîte aux lettres devrait être placée dans la maison commune; je pense qu'au lieu d'un directeur, homme très-souvent suspect, il serait à propos que ce fût sous les auspices de la municipalité que se distribuassent les destinations.

Alors pour les emballages et les déballages, il suffirait d'un préposé à gage, de deux ou de trois, s'il le faut, suivant les villes, lequel ou lesquels ne pourraient opérer les emballages et les déballages qu'en présence de deux conseillers municipaux, d'un officier et d'un fusilier de la garde nationale.

Les entrepreneurs des relais et postes aux chevaux, seraient susceptibles de prendre avec les municipalités, dépositaires des postes aux lettres, les arrangemens réglés sur la quantité des départs par semaines.

C'est à l'assemblée législative, d'après le vœu des départemens, à régler le tarif des lettres et du prix de leur port par toute l'étendue de la république française.

Le bénéfice résultant de la poste aux letres, tous les frais prélevés, seront comptés chaque trois mois, en présence du conseil général de la commune, et leur application sera déterminée chaque année pour l'entretien des routes et des ponts.

Les lettres déposées dans la boîte, seront enregîtrées au bureau de leur départ, elles doivent être pareillement enregîtrées au bureau de la ville de leur destination.

Au bureau de la destination, les facteurs préposés à la distribution, signeront le regître à titre de décharge pour la quantité nominale des lettres qui leur seront confiées.

Il serait bien à propos qu'il y eût dans chaque ville de destination, des facteurs en quantité suffisante pour répartir les lettres dans toute l'étendue du district. Ce serait le cas de tracer une route de lotissement à chacun des facteurs, de manière qu'ils décriraient chacun un cercle sur le tour duquel il pourrait servir les bourgs et les villages situés sur la ligne et dans l'enclos de leur lotissement.

Le public des habitations rurales applaudiraient avec joie à cet établissement, sauve une légère rétribution d'excédent qu'il serait convenu d'accorder pour le salaire des facteurs.

En adoptant ce procédé, on pourrait établir dans la maison commune de chaque bourg et de chaque village une boîte aux lettres auxiliaire : et lors du passage du facteur, le maire ou un conseiller municipal, assisté d'un citoïen de la garde nationale, remettrait sur décharge les lettres qui pourraient s'y trouver.

Tous ces moïens sont susceptibles non-seulement d'accélérer le service, mais encore de prévenir les infidélités, les abus et les retards qui existent dans la régiè actuelle des postes aux lettres.

Relais et Postes aux Chevaux.

S'il ne convient pas dans un païs où les privilèges des compagnies exclusives sont abolis, s'il ne convient pas, disons nous, d'aliéner la poste aux lettres, il ne convient pas non-plus d'aliéner à titre de ferme l'entreprise et l'exercice de la poste aux chevaux.

Cependant cet établissement si utile, si important en lui-même, ne tarderait pas à tomber dans la langueur, s'il était permis à plusieurs citoïens de la même ville, du même bourg, du même village de concourir ensemble dans l'entreprise des relais.

C'est bien assez, sans doute, d'un entrepreneur des postes pour chaque localité, ville, bourg ou village. Ceux qui sont en activité ont droit de continuer, ont droit de jouir d'une propriété fondée sur la garantie sociale et sur le service public.

Les postes aux chevaux qu'il serait nécessaire d'établir sur les nouvelles routes, pourraient être proposées au concours relativement aux dépenses inséparables de la levée et de la prospérité de pareilles entreprises. Si plusieurs entrepreneurs se plaçaient sur les rangs avec parité des mêmes moïens, c'est par l'épreuve du sort que l'on doit fixer celui des aspirans désignés par la chance pour entrer en exercice.

Les entrepreneurs des postes doivent être obligés en tout tems de tenir une quantité déterminée de chevaux de service suivant le passage des routes où ils sont placés.

C'est à la municipalité du lieu à faire son

rapport à l'administration du district sur cette observance réglementaire comme aussi sur le bon état des chevaux.

Les entrepreneurs des postes pourront être obligés annuellement à verser dans la caisse commune de leur résidence pour l'entretien de la route, une somme qui serait déterminée sous le double rapport et du passage et du nombre des chevaux que l'entrepreneur est obligé d'entretenir pour le service de la route.

C'est à l'assemblée législative, d'après le vœu des départemens, à fixer le prix des courses.

C'est aussi à l'assemblée législative à fixer l'indemnité des chevaux péris par l'impéritie et souvent la cruauté des courriers.

On a fixé à une somme trop modique la perte des chevaux de poste, et cette modicité en a fait immoler un grand nombre à l'humeur barbare des courriers.

Les chevaux de selle vulgairement appellés bidets, doivent être au compte des courriers.

Les chevaux de poste qui périssent dans le brancard ou dans les traits, doivent être au compte des postillons pour moitié de la somme fixée.

Il est tems de plaider la cause de ces animaux de souffrance que le sort a dévoué aux galères des postes : la sensibilité est profondément affectée à la vue de ces martyrs qui, succombant sous le poids de la lassitude, sont encore déchirés sous l'éperon et les courroies de leurs conducteurs barbares.

Des Diligences et Voitures publiques.

Ce n'est pas à des adjudicataires, ce n'est pas non-plus à des compagnies exclusives, que l'on doit remettre l'entreprise des diligences et autres voitures publiques.

Il doit y avoir dans chaque chef-lieu de département, un entrepreneur de ces voitures publiques, qui s'engage envers le directoire à mettre en route et à faire rouler pour diverses destinations, une, deux, trois, quatre voitures par semaine, attelées à l'instar des diligences, et un plus grand nombre si le besoin, les relations et les correspondances du païs l'exigent.

L'entrepreneur des voitures publiques s'engagera pour la prospérité des postes aux chevaux, de relaïer dans les dépôts sur les routes de destination, au prix du tarif qui sera fixé pour les voitures publiques.

C'est une oppression inquisitoriale que l'adjudication des voitures publiques, vénalement confiées à des compagnies qui mettent le public à contribution en vertu de réglemens arbitraires et véxatoires.

Les diligences apanagées à chaque département, se concerteront entr'elles pour les jours de départ, afin que le service public soit toujours en pleine activité.

Les diligences des départemens pourront se croiser respectivement et rouler sur la surface de la république française en toute liberté et aussi loin que pourra le permettre la destination de leur chargement.

Il convient que l'assemblée législative, d'après le vœu des départemens, rende une loi élémentaire, tant pour le tarif, que pour la tenue des diligences publiques.

Il convient que les entrepreneurs des diligences s'engagent chacun respectivement envers le directoire de leur département à verser au trésor départemental, de trois mois en trois mois, une somme déterminée, pour être sur le champ répartie dans les caisses des communes placées sur les grands passages, pour laquelle somme être appliquée à l'entretien des chaussées.

Les rouliers et voituriers de messageries, seront tenus tous les trois mois envers le directoire de leur district, à verser une somme pareillement déterminée d'après le nombre de leurs chevaux et de leurs voitures, pour être laquelle somme répartie dans les caisses des communes placées sur les grands passages, à l'effet d'être pareillement appliquée à l'entretien des routes.

Au moïen de cette subvention auxiliaire des postes et du roulage, rendue uniforme dans tous les départemens et dans leurs districts, les communes chargées respectivement de l'entretien des routes de leur territoire, se trouveront puissamment aidées, et les chemins publics,

blics, sur-tout, ceux des grands passages, pourront toujours être mis en bon état.

Les procédés qui ont été indiqués, sont pour parer à une infinité d'abus, en laissant, comme droit de souveraineté, à chaque administration directoriale, et par cascade, à chaque localité communale, le soin de sa prospérité territoriale.

CHAPITRE VII.

De l'Éducation publique.

Il est important d'adopter dans tous les départemens un plan général d'éducation commun à la nation entière dans les premiers élémens de l'instruction publique.

Dans les villages et dans les bourgs, les fonctionnaires du temple pourraient être rendus doublement utiles, en les chargeant de l'éducation élémentaire des garçons.

Leurs épouses, ou toutes autres femmes reconnues instruites, pourraient être chargées de l'éducation des filles.

Il convient que l'éducation soit individuellement gratuite et que les instituteurs et institutrices soient salariés par la caisse trésorière de la commune; il convient aussi qu'ils soient logés par la commune dans des maisons commodes et salubres, il convient aussi qu'il leur soit délivré chaque année une quantité déterminée de bois pour le chauffage des écoles.

Il sera bien important d'éviter autant que l'on le pourra, le chauffage des poëles, schtoufs et fourneaux, comme susceptibles des plus grands inconvéniens pour la santé des enfans.

Pour répandre, en hiver, plus de chaleur dans l'enceinte de l'école, il serait à propos de doubler la cheminée en tôle à cinq pieds de hauteur, à l'instar des cheminées vulgairement appellées cheminées à la prussienne.

Je n'entend pendant pas interdire cette espèce de poële économique, plaqué en forme de cheminée dont le corps du foïer, ainsi que les tuïaux sont soigneusement garnis d'un émail en faïance ou en terre de pipe.

Les écoles rurales n'étant susceptibles d'être en pleine activité que durant les six mois d'hiver, attendu les travaux des champs durant les six mois d'été, les écoles doivent se tenir ponctuellement en hiver tous les jours, à l'exception des dimanches et des fêtes civiques consacrées par la patrie.

Les écoles rurales, durant leur activité, seront susceptibles d'être ouvertes à huit heures du matin jusqu'à onze, et dans l'après midi à une heure jusqu'à quatre.

La base fondamentale des fonctions que les instituteurs et institutrices auront à remplir, sera d'enseigner à lire et à écrire.

Ensuite, ils développeront les principes de la langue nationale sur un cours d'élémens d'une démonstration claire et facile.

Il sera mis entre les mains des éléves des deux sexes le code des loix sociales.

Il sera également mis entre les mains des éléves des deux sexes la description topographique de la France, l'histoire naturelle et civique de chacun de ses départemens avec la carte figurative de leur situation.

Il sera mis entre les mains des éléves un cours de botanique approximé au genre végétal des plantes qui se rencontrent dans leurs climats.

Les instituteurs et institutrices s'occuperont de tems en tems à faire des démonstrations expérimentales pour instruire leurs éléves sur les connaissances et les propriétés des plantes et des végétaux.

Il sera mis entre les mains des élèves un cours d'agriculture fondé sur l'expérience et le succès de ses résultats.

Il sera mis entre les mains des élèves un cours d'instruction vétérinaire sur les moïens d'élever tous les genres de bestiaux affiliés à la prospérité rurale, et sur les moïens de les préserver des maladies et des inconvéniens auxquels l'ignorance les expose.

Il conviendrait aussi d'enseigner aux élèves des deux sexes les principaux élémens de la musique vocale, talent qui donne tant de prix aux agrémens de la société et des charmes toujours nouveaux au bonheur de l'existence.

Les institutrices donneront à leurs élèves les principes de l'arithmétique, elles s'attacheront par des applications ingénieuses à répandre de l'agrément sur la sécheresse de cette étude qui a besoin de tous les encouragemens de la gaieté.

Les instituteurs enseigneront à leurs élèves non-seulement l'arithmétique, mais encore les principaux élémens de la géométrie, le toisé et l'arpentage soutenus par des démonstrations exécutées en leur présence sur le terrein.

La municipalité rurale, et plus particulièrement encore le tribun de la commune, veilleront à la tenue et à l'ordre des deux écoles publiques et institueront des prix en faveur de ceux et de celles des élèves qui se seront distingués dans l'une et dans l'autre des premières sciences enseignées.

Indépendamment des exercices guerriers auxquels la commune exercera insensiblement ceux des élèves destinés par leur sexe à porter un jour les armes, la commune instituera, dans des emplacemens consacrés aux gymnases publics, des jeux d'exercices propres à fortifier le tempérament et à donner aux muscles et aux organes une adresse et une aptitude pour les combats et pour toutes les situations et les évènemens de la vie.

Il serait à propos de destiner deux cirques, l'un, pour les enfans, l'autre, pour les hommes.

Dans les bourgs et dans les petites villes,

on pourra suivre les mêmes institutions, sauf l'extension que l'utilité publique pourra leur donner.

Dans les villes dont la population est distribuée en plusieurs quartiers ou sections, on pourra encore suivre dans chaque section le même mode d'éducation.

J'ai tracé le plan de l'éducation ordinaire et commun à tous les citoïens, mais d'une éducation indispensable pour tous les membres de la société.

Voici un second plan que je propose pour l'étude élémentaire des siences : la patrie doit les plus grands encouragemens, non-seulement à la prospérité de ces écoles, mais encore aux élèves qui se dévouent à l'une des parties de ces études pénibles.

Il serait à souhaiter qu'il y eût dans le chef-lieu de chaque département une académie d'instruction où l'on enseignât :

La langue nationale par principes raisonnés avec l'étimologie de ses mots sur les langues grecque et latine, et l'analyse de leur signification littérale.

Les institutions sociales et le droit public,
La morale,
La chimye et la botanique,
La physique spéculative et expérimentale,
Les mathématiques,
Le dessin,
La gravure,
L'architecture,
La chirurgie,
L'anatomie,
La sience vétérinaire pour les marechaux,
Le talent de l'équitation,
Le génie de l'artillerie,
Le génie de la tactique.

Non-seulement le chef-lieu de chaque département doit avoir une académie où l'on enseigne publiquement ces siences, mais les chefs-lieux de districts doivent avoir le même établissement.

Les emplacemens et les édifices destinés à ces exercices seront aux frais de chaque district.

Le traitement des professeurs et des démonstrateurs seront pareillement aux frais du district.

Les éléves auront le choix et l'adoption de celle de ces siences qui conviendront à leur goût et à leurs dispositions.

Il convient aussi d'établir dans chaque district une école publique pour les jeunes matrônes qui se dévouent à l'art précieux et pénible des accouchemens.

Dans les départemens maritimes, il doit y avoir de surcroît une école de navigation et de pilotage dans tous les chefs-lieux de districts situés sur les côtes ou sur le rivage des grands fleuves.

Je reviens sur mes pas pour un établissement essenciel: j'ai parlé de tout ce qui pouvait entrer dans l'éducation et le choix des éléves masculins que leurs parens consacrent à de hautes études: je dois regarder comme aussi important de tracer l'esquisse de ce qu'il serait à propos d'enseigner aux éléves féminins que leurs parens destinent à une éducation perfectionnée.

A l'exception des siences trop abstraites et qui appartiennent aux fonctions que quelques hommes doivent remplir dans l'état social, je pense que l'on doit faire marcher l'éducation des filles à pas égal à celle des garçons.

Il doit y avoir dans la métropole de chaque département comme dans la métropole de chaque district une académie ouverte à l'instruction des jeunes demoiselles.

Cet établissement, comme celui des jeunes citoïens qui se destinent aux siences, doit être à la charge du trésor public.

L'édifice, destiné à cet emploi, doit être choisi vaste et commode, et avec tous les avantages qui conviennent à la décence de ce dépôt précieux.

L'instruction y sera gratuite.

On y enseignera :

La langue nationale par principes,

Les institutions sociales et le droit public,

La morale,

Le dessin,

La gravure,

La géométrie,

La géographie,

La musique vocale et instrumentale,

La danse de caractère,

La couture,

Le point ouvré,

Le feston, la broderie

Et tous les autres talens d'utilité susceptibles de contribuer aux agrémens comme à l'utilité du ménage.

Les institutrices seront à demeure dans l'enceinte de l'académie.

Les institutrices seront païées par le trésor du district.

Les jeunes citoïennes des localités rurales seront toutes admises à l'instruction et au choix des talens qu'elles adopteront par goût.

La variété sera partagée par classe.

Il sera convenable de disposer des logemens spacieux pour y admettre des pensionnaires.

Le prix de la pension ainsi que l'ordre et la tenue de la maison seront expliqués par une délibération légale du directoire du district.

Le directoire du district, par le ministère de son tribun, inspectera les académies consacrées à l'éducation des deux sexes, et remplacera par ses soins et sa sollicitude à l'égard des élèves la tendresse et la vigilance de leurs auteurs.

CHAPITRE VIII.

De la sûreté publique.

Ce n'est pas la sévérité des réglemens, mais leur prévoïance salutaire qui applique un frein à la licence, qui oppose à la naissance des désordres l'utilité de ses moïens pour éteindre dans leur berceau le développement de leurs ravages.

La sagesse des loix, secondée par la morale des philosophes, rend le peuple vertueux.

Les loix qui ont pour objet la police et la sûreté publique sont bien importantes; elles veillent sur la vie des hommes et sur leurs propriétés; elles veillent au dehors et au dedans des villages et des villes; elles veillent la nuit, elles font sentinelle à la porte de chaque citoïen; elles veillent, elles protègent son repos, son sommeil; elles veillent les ateliers de son industrie, le berçail de ses troupeaux; elles veillent, elles protègent ses jardins, ses moissons, ses vendanges.

Les loix de police suppléent avec avantage dans beaucoup de circonstances, aux loix litigieuses et aux loix criminelles; les loix de police préviennent souvent, par des moïens conciliatoires, l'action dispendieuse des unes et la rigueur des autres.

Parmi les objets qui doivent fixer l'attention de la police et la vigilance des municipalités, le port-d'armes tient le premier rang.

Il n'y a de citoïens que ceux qui sont enrôlés pour le soutien de la liberté, de l'égalité et des droits de l'homme, il n'y a que ces généreux défenseurs qui soient appellés aux avantages politiques d'être armés.

Il ne convient pas que des individus équivoques, des individus qui se particularisent et qui font corps à part au sein de la société, il ne convient point que des individus qui ont négligé ou qui négligent de manifester leur zèle pour la patrie et de s'enrôler dans la garde nationale de leur résidence, soient armés chez eux ou sur eux.

Par suite de cette maxime, il ne convient pas non plus que des individus passifs, que leur situation a placé dans une nullité politique, des individus qui ne tiennent à leur patrie, à leur résidence que par des liens faibles ; il ne convient pas enfin que des individus qui n'ont pas les qualités essencielles pour être caractérisés citoïens soient armés dans aucun tems, soit chez eux, soit sur eux.

Les individus, non considérés citoïens, ne doivent point s'écarter des loix de leur résidence, sans être munis de leur municipalité d'un passeport indicatif de leur signalement, avec réserve, sur ce passeport, du tems prescrit pour son usage et sa durée.

Tout citoïen en voïage, et qui s'éloigne des limites de son département doit par une saine précaution se munir de son brevet d'enrôlement, titre auguste et figuratif de la qualité la plus honorable.

On doit dans chaque résidence expédier à chaque citoïen militaire un brevet d'enrôlement.

Il est même d'une sage prévoïance de les

renouveller tous les ans afin de croiser les abus que pourraient occasionner ceux de ces brevets qui seraient dans le cas d'être expoliés, égarés ou perdus, et de tomber dans de mains suspectes et infidèles, entre les mains des vagabonds qui, s'en couvrant comme d'un titre imposant, pourraient, à l'ombre de cet égide, surprendre la confiance publique et échapper à la vigilance des municipalités.

Tout citoïen en voïage a le droit d'être armé de la manière la plus convenable à sa sûreté.

Il importe, dans un païs où l'industrie est libre, où toutes les sources du travail sont ouvertes à l'activité laborieuse, de fermer les avénues à tous les prétextes du vagabondage et de la mendicité.

Le plan de cet ouvrage étant dessiné sur l'évidence des moïens susceptibles de faire fleurir la république et d'augmenter la prospérité des fortunes citoïennes, chaque localité communale, soulagée aux deux tiers du poids de ses charges et de ses impositions, pourra nourrir ses pauvres, ceux qu'une vieillesse caduque ou des infirmités rendent incapables d'aucune espèce de travail.

Chaque localité communale doit emploïer les mendians valides qui résident dans son enceinte à des travaux publics proportionnés à leurs forces : les localités rurales peuvent les emploïer à épierrer les champs en jachère ou versaine pour ces pierres servir à la levée des chaussées.

Dans les villes il y a cent moïens pour un d'emploïer les pauvres avec l'utilité la plus avantageuse pour eux et pour la prospérité publique, soit qu'on les emploïe à des travaux de propreté et d'embellissement, soit qu'on les emploïe dans des ateliers que l'industrie locale pourrait indiquer d'après le vœu des ressources et des productions indigènes au climat, à la nature du sol ou à son commerce et à ses relations interlopes.

Il convient de fixer et de rendre sédentaires les métiers ambulans et les trafics errans : ces transitions industrielles couvrent souvent de leur manteau des désordres clandestins, et favorisant la fraude et la falsification des ouvrages et des mercantilles nuisent à la prospérité du commerce et des métiers fixés et établis dans les villes, les bourgs et les villages.

Les bonnes mœurs, la police des routes, la sûreté publique, la sûreté des campagnes et des villes, la restauration et l'encouragement de l'industrie sédentaire et fixée; la restauration et l'encouragement si essenciels à la langueur des arts naturalisés dans les villages, les bourgs et les villes et à l'établissement de ceux qui pourraient y naître, y éclore, invoquent cette réforme salutaire.

En effet, on ne doit jamais souffrir dans les païs policés les coureurs, les revendeurs de mercantilles, toutes les espèces de ces métiers ambulans; on n'y doit jamais souffrir les rouleurs, les colporteurs et marchands de rien, les hableurs de cantiques ou de chansons grossières, les empiriques, les charlatans, etc.

Il importe à l'encouragement des ateliers et à la prospérité des maisons de commerce fixées sous l'appui et la protection des loix, il importe à la bonne foi et à la sûreté publiques de proscrire pour jamais l'usage des foires et leur attribution à des tems déterminés de l'année. L'usage des foires a pris naissance dans des tems grossiers et ignorans, dans des tems où les routes n'étaient point ouvertes, où les communications, où les correspondances étaient rares et difficiles, dans des tems où l'industrie était au berceau, où le commerce privé du numéraire et des signes de la valeur des choses, était subordonné à la tutelle et à la nécessité des échanges.

Ce sont des mains inconnues ou courtières qui étalent, qui exposent dans les foires les marchandises destinées en vente; ce sont pour la plupart des coureurs qui composent le plus grand nombre des marchands forains: de-là vient l'impunité et l'audace de toutes les fraudes en usage dans les foires.

Les foires sont des rassemblemens funestes et dangereux qui entretiennent sur les routes et sur la surface des païs des essaims de vagabonds qui ne tiennent à la société par aucun lien politique. Les foires sont des rassemblemens, sont le rendez-vous du filoutage et de la friponnerie où, sous les couleurs du bon marché, on agace, on séduit, on trompe la bonne foi des acheteurs. En effet, soit les toiles manufacturées, soit les étoffes en soierie, cotonnade ou lainage, tout est falsifié et n'a que le vernis d'une apparence séduisante. A ces supercheries que l'ar prépare de longue-main pour la destination des foires, se joint encore la fraude particulière du marchand, le faux poids et le faux aunage : son rafinement s'étend même jusques sur les monnoies.

Les ouvrages en orfévrerie, étalés dans les foires, sont également suspects, et recèlent dans la façon et la qualité de la matière une fraude que la main criminelle de l'ouvrier a eu soin de cacher avec adresse. Les merceries, quincailleries et autres espèces sont plus ou moins falsifiées, plus ou moins susceptibles d'égarer la bonne foi des acheteurs. Les bestiaux mêmes exposés en vente dans les foires, sont pour la plupart des victimes réservées pour tromper les nouveaux maîtres qui sont tentés de les posséder.

Les rassemblemens forains doivent se restreindre à la tenue des marchés établis par semaine dans les villes et les bourgs pour l'approvisionnement des comestibles et des productions rurales.

La suppression des foires apportera un nouveau systême dans le régime des fabriques : obligées à fournir des maisons de commerce qui ont une réputation et un crédit à ménager, les fabriques et les manufactures seront forcées de rappeller la bonne foi dans leurs ateliers pour obtenir la confiance.

Le public s'en trouvera mieux en trouvant dans les marchandises de toutes les espèces des qualités nouvelles jointes à tous les avantages de la solidité et de la durée.

Enfin, lorsqu'une fois les maisons de commerce dans les villes n'auront plus à redouter la fatale concurrence des foires et de leur agiotage, ces maisons s'assortiront avec assurance, et le public trouvera alors chez des commerçans connus, chez les uns des étoffes, chez les autres des quincailleries, chez les autres tous les genres d'orfévrerie, chez les autres des chevaux éprouvés et des bestiaux dont le mérite et la santé seront garantis.

Je n'ai point parlé dans le cours de ce chapitre des obligations de la maréchaussée, surnommée aujourd'hui gendarmerie nationale: la sûreté publique appartenant de droit souverain à chaque localité, ses citoïens y veilleront plus efficacement que des brigades soldées dont le petit nombre et l'éloignement n'est nullement capable de remplir les devoirs si précieux et si essenciels de la police et de la surveillance. Le dépôt de ces devoirs sacrés doit résider dans l'administration de chaque localité et dans le zèle de ses citoïens: l'ordre, ainsi distribué, régnera par-tout sans être jamais terni par l'obscurité d'aucun nuage.

J'estime cependant que les cavaliers de la gendarmerie pour le tems qu'ils ont emploïé, méritent chacun de leurs départemens respectifs une retraite honnête.

CHAPITRE IX.

De l'administration de la Justice.

JE place ici au rang des obligations publiques l'administration de la justice, parce que les hommes se la doivent les uns envers les autres, et qu'elle est un des devoirs sacrés que la société dans l'institution de ses motifs impose à tous ses membres.

Les loix civiles qui veillent à la sûreté des hommes individuellement, qui veillent sur leurs propriétés et à la conservation de leurs droits dans la reversibilité des partages et des successions ; les loix enfin qui s'expriment sur les délits et dont la sagesse prévoit ceux qui seraient à venir ; les loix dans les uns et les autres de ces cas doivent être simples, claires et susceptibles d'être connues et entendues de tous les hommes.

La multitude et l'affluence des procès prouvent l'impuissance et l'obscurité des loix, leur silence ou leur contradiction textuelle; la multitude et l'affluence des procès par une conséquence déductive, prouvent l'ignorance des plaideurs et la mauvaise foi de leurs conseils; la multitude et l'affluence des procès, décèlent l'activité macérante des vautours de la chicane, qui ne voïant dans l'infortuné client qu'une proie à dévorer, fondent par nuées et s'attachent dessus, ainsi que les corbeaux se rabattent sur les cadavres, les décharnent et les rongent.

A mesure que l'esprit public s'éclaire, à mesure les hommes parcourent l'étendue de leurs obligations respectives: les contestations litigieuses deviennent plus rares en proportion de l'acheminement des lumières, et la société paisible par cette gradation heureuse, présente alors cette belle harmonie entre tous les individus d'une même espèce, et qui donne au séjour de la terre le plus majestueux et le plus auguste de ses ornemens.

Le livre des loix à la main, tout homme doué d'un sens droit, peut être juge des cas qui surviennent, en consultant le texte dans son application. Le citoïen des villages comme ceux des villes étant les uns comme les autres apellés au partage des mêmes droits, ils sont susceptibles les uns les autres de trouver dans le livre des loix les applications à toutes les circonstances et les événemens de la vie.

Si les fonctions judiciaires sont restreintes, sont réservées à des corporations particulières érigées en titre de tribunaux, c'est une présomption de l'abus des loix et de leurs vices institutionnels.

La qualité de juge ne doit jamais faire un métier chez une nation éclairée, dont les loix litigieuses doivent être précises; ce n'est que chez les nations dépravées et corrrompues où la friponnerie et le charlatanisme circonscrivent et renferment le pouvoir judiciaire dans une caste particulière, qui s'habituant à juger leurs semblables, font vœu d'ignorance, de paresse et d'impudence.

Je conçois l'étendue qu'exige la refonte des usages barbares qui, jusqu'alors ont réglé en France, comme ailleurs, le sort des particuliers et des familles. L'entreprise d'une réforme heureuse doit piquer l'émulation des jurisconsultes, qui désirent se consacrer à la fouille laborieuse de cette mine nouvelle; tout en les invitant à ce grand travail, je me ferai gloire de concourir avec eux, et d'unir mes efforts aux leurs pour en accomplir le succès.

Je suppose dès-à-présent l'existence du diplome des loix litigieuses, et en le supposant tel qu'il doit être, c'est-à-dire, à la portée de tous les hommes, puisque tous les hommes en ont personnellement besoin, je déclare que dans chaque municipalité, village, bourg et ville, on doit élire trois citoïens notables pour administrer la justice au nom de la loi.

Ces trois citoïens notables seraient susceptibles d'être appellés ministres de la concorde, et tiendraient dans les cas nécessaires et dans ceux que la loi exprimerait, leurs audiences dans la maison commune.

Les matières de police, les matières civiles et criminelles seraient de leur compétence.

Les ministres de la concorde ne pourront

prononcer que dans les cas prévus et exprimés par la loi.

Dans les cas où la loi serait muette, les ministres de la concorde référeront la cause devant l'assemblée générale des citoïens convoqués périodiquement, le premier dimanche de chaque mois, la municipalité assistante.

Si la cause exigeait célérité, elle sera portée directement devant la municipalité qui prononcera provisoirement, sauf l'apel à la prochaine assemblée générale des citoïens du lieu.

L'un des ministres de la concorde fera rapport à cette assemblée de l'état de la cause, et les parties entendues dans leurs dires respectifs, le tribun de la commune prendra ses conclusions pour éclairer la religion de l'assemblée, qui ensuite décidera, à la majorité des voix, par le procédé de l'appel nominal.

L'institution des ministres de la concorde aura principalement pour objet de prévenir les différens entre les particuliers, d'entretenir la bonne intelligence parmi les citoïens, et de reconcilier ceux que la chaleur des animosités sépare de l'union fraternelle, sous l'influence de laquelle tous les hommes doivent vivre, dans l'espace rapide qui précipite leur passage sur la terre.

Les contestations purement litigieuses entre des particuliers de la même résidence seront à la connaissance des ministres de la concorde et seront, en cas d'apel, portés devant l'assemblée générale de la commune qui prononcera en dernier ressort.

Il sera cependant établi dans le chef-lieu de chaque district un conseil général pour décider des affaires extraordinaires, et pour la révision des apels dans les cas graves et sérieux.

Ce conseil ne sera point permanent, à l'exception du greffier auquel il sera attribué des appointemens fixes indépendamment de la taxe particulière de ses expéditions plumitives.

Ce conseil général sera en activité toutes les quinzaines, et occupé par un ministre de la concorde apellé de chaque municipalité rurale et de chaque section dans les villes qui relativement à leur population et à leur étendue son distribuées en plusieurs cantonnemens.

Un ministre de la concorde étant apellé chaque quinzaine par municipalité et par section pour former le tribunal du district, il s'en suivra que sur les trois ministres de la concorde établis dans chaque résidence, un étant appellé tour-à-tour au tribunal, l'alternat de chacun d'eux se trouvera placé par chaque six semaines.

Le voïage des ministres de la concorde pour se rendre au conseil général du district, le séjour qu'ils y feront, entreront dans la classe des dépenses publiques, et seront païés à chaque rôle de quinzaine par le trésorier du district à raison de la taxe fixée par jour.

Les contestations susceptibles de survenir entre des particuliers de différentes localités seront portées au conseil général, si elles n'ont pu être terminées par la médiation des ministres de la concorde placés dans les résidences respectives des parties engagées.

Le conseil général connaîtra pareillement

des contestations susceptibles de survenir entre des localités voisines, soit pour les limites de leurs bans, de leurs bois, terrains communaux, alluvions, rivages des ruisseaux, étangs et rivières.

Dans ces cas, le ministre de la concorde de chaque localité contentieuse, ne pourra figurer au conseil comme juge, mais comme défenseur des droits communaux de sa résidence.

Toutes les matières sérieuses et importantes quoiqu'agitées entre des particuliers du même lieu, seront susceptibles de l'apel nonobstant le jugement de l'assemblée intégrale des habitans, et seront portées au conseil général du district.

Tous les délits d'un genre grave seront susceptibles d'y être pareillement portés après que l'instruction préparatoire aura été commencée par la municipalité et les ministres de la concorde du lieu où le délit aura pris naissance, et par la municipalité et les ministres de la concorde du lieu où le délit aura été consommé.

Les forfaitures seront pareillement portées, d'aprés les mêmes formalités, devant le conseil général.

Tous ces jugemens seront sans appel et en dernier ressort dans les cas où la loi aura parlé.

Mais dans les cas où la loi sera muette, le conseil se bornera à dresser un procés-verbal de son opinion dominante et referrera l'affaire à la quinzaine suivante, c'est-à-dire, au conseil qui lui succédera; ce second conseil dressera pareillement procés-verbal de son opinion dominante et le laissera comme le premier conseil sur le bureau pour servir aux juges de la quinzaine d'ensuite. Enfin les juges de troisiéme conseil à leur tour d'exercice, auront sous les yeux en s'asseïant sur les bancs, les procés-verbaux du premier et du second conseil; et c'est d'aprés leur résultat et d'aprés sa délibération particuliére que le troisiéme conseil prendra lui-même sur l'affaire, qu'il prononcera définitivement et en supplément du silence de la loi.

Ces cas sont plus fréquens qu'on ne pense:

La grande question n'est pas tant d'assembler un corps de loix, que de faciliter aux hommes les moïens d'obtenir justice.

Il ne faut pas espérer d'obtenir jamais un code de loix qui préviennent tous les cas; une même affaire, c'est-à-dire, absolument semblable quant au fond et à l'essence, peut se présenter mille fois et mille fois sous mille aspects; le principe, quoique dérivant des mêmes causes, est susceptible de modifications différentes, sa gradation est plus susceptible encore de s'éloigner du point de départ:

Enfin il n'y a point d'affaires absolument semblables sur lesquelles les loix puissent porter un flambeau lumineux et fidèle.

Les loix n'embrassent et ne peuvent embrasser que des principes généraux : c'est donc aux lumières et à l'intégrité des juges à réparer cette disette.

Les législateurs ne doivent pas espérer remédier à cette pénurie en multipliant les applications : ils tomberaient alors dans un autre

danger,

danger, dans la diffusion et les antithèses: de-là l'obscurité, de là l'ancien galimathias.

Les loix, je parle des loix litigieuses, les loix ne sont que des élémens réglementaires et indicatifs des principes généraux: elles ne peuvent être autrement sans contrarier le vœu de leur institution, la clarté et la simplicité.

Voilà pourquoi j'insiste à ne pas confier le dépôt des loix à des corporations particulières, qui faisant un métier des fonctions de juges et s'habituant à décider du sort des hommes, acquèrent cet endurcissement féroce, cette cruauté réfléchie qui immolent tant de fois dans la froideur de l'examen le juste et l'innocent.

En appellant tour-à-tour à la distribution de la justice des hommes prudens et intégres, vous aurez pour juges des hommes humains, des hommes équitables qui feront à leurs justiciables ce qu'ils désireraient qu'on leur fit, lorsque cessant leurs fonctions et quittant la qualité de juges, ils rentreront dans la classe ordinaire.

Il ne suffit pas pour être juge d'avoir pâli vingt ans sur Domat, Lacombe et Brantome;

Il ne suffit pas non-plus d'avoir fait assaut de subtilités sophistiques, mais il suffit pour être juge d'avoir la tête saine et le cœur droit.

Quant à la passation des actes notariés, on pourrait dans les petites villes, les bourgs et les villages l'attribuer au secrétaire de la municipalité.

On pourrait dans les grandes villes attribuer cette fonction au secrétaire des bureaux de chaque section.

Les actes publics ne doivent être soumis à aucune contribution pécuniaire, ni à tous ces genres de monopoles que l'avidité fiscale du despotisme savait si bien déguiser sous les noms captieux : contrôle, insinuation, sceau, imposition du timbre &c. &c. &c.

Le timbre est une empreinte injurieuse et concussionnaire, c'est un attentat contre la liberté publique et particulière : il doit être aboli comme une macule infamante répandue sur le commerce et sur l'état civils des hommes.

CHAPITRE X.

Des Contributions publiques.

J'AI indiqué les dépenses désastreuses, celles qui non-seulement ruinent le peuple, mais qui encore entreprennent sur sa liberté, en perpétuant le regne de ses calamités.

J'ai tracé un plan de nouvelle organisation sous tous les rapports de la liberté, de l'égalité et du bonheur général; j'ai tracé ce plan avec celui des économies qui conviennent à un gouvernement fondé sur la pureté de la morale et sur les vertus de la philosophie.

Que l'on examine l'ensemble de cet ouvrage, que l'on rapproche, que l'on compare les accessoires, on appercevra une réforme de plus de six cents millions par an, au profit de la nation.

Les départemens, les districts, les localités

communales, les citoïens chacun individuellement, sont susceptibles d'éprouver par ces réformes heureuses un soulagement qui ouvrira l'aurore de la prospérité et de la félicité générales.

Avant d'asseoir le mode de la cotisation, l'administration du département doit demander aux administrations des districts, les administrations des districts aux administrations municipales de chaque localité de leur arrondissement respectif, le cadastre des produits industriels et territoriaux, et dans le même cadastre, l'état comparatif des dépenses publiques inséparablement liées à leur régime intérieur.

Le vingtième des revenus industriels et territoriaux résultant net des facultés de chaque commune, seront susceptibles d'être versés au trésor directorial du district, pour être appliqués aux dépenses générales de l'arrondissement.

Chaque localité sectionnelle étant chargée de toutes les dépenses circonscrites dans l'étendue de son territoire, il s'en suit de-là nécessairement que la dépense générale de l'arrondissement ne pourra jamais monter à un degré assez élevé pour couvrir la cotisation des communes renfermées dans la démarcation du district et affiliées à son directoire.

Les trésors des districts concourreront à des termes périodiques à alimenter le trésor du département.

Les trésors des départemens concourreront, suivant les engagemens de l'alliance générale, à verser quand il en sera besoin, au trésor national du centre, leur contingent pour faire face aux dépenses légitimes et légales contractées sous le sceau de l'alliance pour l'avantage universel de la république.

La quotité des contributions communales doit être réglée sur le vœu et la nécessité des dépenses publiques.

Les dépenses publiques doivent être fixées et universellement consenties.

Il est à propos pour l'intelligence de cet ouvrage, de distinguer les classes et les degrés des dépenses publiques.

La première classe des dépenses publiques est celle qui est relative à l'administration intérieure de chaque localité communale.

La seconde est le versement au trésor du district du vingtième résultant du revenu net de chaque localité.

La troisième classe est le versement au trésor du département de la quotité de chaque district.

La quatrième classe est le versement au trésor national du centre du contingent fédératif de chaque département.

C'est en suivant l'échelle des rapports politiques, que l'on parvient à la clarté et à la déduction des grands principes et à la conséquence immédiate de leurs résultats.

Le principe de toutes les richesses de la république dérivant du sein de ses localités portionnelles, il s'en suit de-là que chacune de ses localités doit commencer par elle-même l'acheminement de ses dépenses intérieures.

Le trésor du district alimenté par les caisses de ses localités portionnelles embrasse les dépenses générales de son arrondissement.

Ses dépenses sont:

L'instruction publique.

L'entretien du régime général de l'arrondissément ou directoire.

D'aprés le systême républicain et la nature de ses entretiens, l'objet de ces dépenses ne peut pas être supputé bien haut; d'aprés la conduite et l'économie qui dans un païs libre doivent régler la sagesse et l'entretien des institutions politiques.

Le trésor du département alimenté par la quotité individuelle des districts de son étendue, reçoit non pas pour refluer sur les districts, mais pour verser au trésor national du centre à l'instar des autres départemens.

Suivant les maximes de la souveraineté républicaine réfléchie sur toutes les localités placées sous l'arc-en-ciel de l'alliance nationale, il importe de suivre la marche des procédés essenciels à la prospérité individuelle et locale, et à l'action du grand ensemble de l'organisation.

Ce n'est pas au ralliement du centre, ce

n'est pas au sein d'une capitale, que l'on doit verser inconsidérément les richesses des départemens, pour y couvrir de la draperie de l'opulence les difformité de la corruption : les richesses doivent rester sur le sol où l'industrie les a fait éclore ; elles doivent rester, elles doivent circuler au sein des départemens pour y vivifier tous les canaux et les ramifications de la vie et de la santé politiques.

Le trésor national du centre est seulement destiné à recevoir le contingent des départemens pour les dépenses qui sont d'une application générale, et qui regardent la représentation nationale dans son commerce, ses besoins et ses raports avec l'étranger.

Mais la nation doit paraître par-tout souveraine ; dans toutes les parties de son étendue ses citoïens rassemblés doivent offrir dans le spectacle d'une liberté, d'une égalité touchante et fraternelle la pompeuse simplicité d'un peuple de souverains : ses villages, ses bourgs, ses villes, ses districts, ses départemens doivent présenter dans leurs portions séparées autant de corps libres, autant de républiques unies sous le ciel de la même alliance à la prospérité commune du destin national.

De la Contribution industrielle.

C'est à chaque citoïen à s'imposer lui-même sur le vœu des contributions industrielles : c'est de son offrande patriotique que sortira l'épreuve de son civisme, et c'est d'après cette considération, c'est d'après la bienséance de son dévouement pour la république que l'on pourra mesurer l'action et les degrés de ses vertus.

J'ai regardé l'établissement des patentes comme heureusement imaginées pour régler le thermomètre des cotisations sur l'équivalant et la comparaison des signes de l'industrie et des moïens de son étendue.

Mais d'après la simplification des dépenses dont nous offrons le tableau, il est à désirer que les patentes demeurent seules pour la classe laborieuse qui ne tient ses ressources que de l'intelligence et de l'activité de son travail.

De la Contribution mobiliaire.

Le citoïen qui ne tient ni commerce ni industrie, et qui n'a point de propriété foncière, doit à la société une cotisation déterminée sur le sixième du prix de sa location.

Le journalier qui n'a ni propriété mobiliaire ni propriété foncière ne doit rien à la patrie que son bras, si elle le lui demande.

Les rentes placées, soit sur des maisons particulières soit sur des caisses publiques, sont susceptibles de la liv. pour cent.

De la Contribution foncière ou mansale.

Les maisons, soit à la ville et à la campagne étant subordonnées à des réparations continuelles, à des entretiens dispendieux et toujours renaissans, indépendamment des accidens qu'elles peuvent encourir, les maisons ne doivent rien à l'état lorsque le propriétaire les occupe en totalité; elles ne sont obligées à la contribution foncière, que lorsqu'elles passent dans des mains précaires à titre de bail ou de toute autre convention locative.

Le propriétaire qui habite sa propre maison, jouit du droit que l'ordre naturel et politique lui assure; mais s'il loue cette maison et qu'il en fasse profit, il doit compte à la patrie de cette transmutation et du bénéfice résultant du transport précaire de sa propriété.

Une maison avantagée de cour et jardin, d'atelier et hangar étrangers à l'individuité habitationnelle du propriétaire, devra à l'état pour cause de ces surcroîts, quoiqu'occupée personnellement par le propriétaire.

De la Contribution territoriale.

La gêne étant un accident de l'oppression, il est juste de laisser aux contribuables des habitations rurales le choix de s'acquitter envers la patrie, soit en numéraire, soit en nature.

Dans les localités rurales, la commune après avoir dressé l'état de ses dépenses intérieures et de sa quotité au dehors, conviendra d'après la loi et dans une assemblée générale sur les moïens de répartir la contribution.

Pour simplifier l'exactitude et la fidélité des recouvremens, la commune pourra mettre la recette en adjudication.

L'adjudicataire s'arrangera avec les contribuables, soit pour toucher en numéraire, soit pour toucher en nature.

Il y a en France beaucoup de contrées où la perception en nature serait très-favorable à l'activité des recouvremens, et beaucoup plus commode pour les contribuables que la perception en numéraire.

C'est à l'adjudicataire à faire les deniers et à les verser dans la caisse de la commune.

Tout citoïen qui se refusera à la contribution, sera cité par l'adjudicataire devant la municipalité qui prononcera provisoirement, sauf l'appel à l'assemblée générale des habitans, laquelle, s'il y a lieu, suspendra le refusant pour un certain tems de la qualité et des fonctions de citoïen, sans cependant qu'il soit dérogé au païement de sa contribution.

CHAPITRE XI.

Des Bois et Forêts.

DANS un païs libre où la somme de l'égalité est distribuée sur toutes les têtes, dans un païs où les talens, le mérite et les vertus sont les seuls dignes de l'hommage des opinions, il ne doit pas exister sous aucun titre des individus propriétaires des forêts ou d'une vaste portion de bois.

Dans les climats avancés dans le Nord, les bois et les forêts deviennent un des besoins essenciels de la vie, soit pour la construction des bâtimens, soit pour la consommation du chauffage, sur-tout, durant les tristes mois des froidures et des hivers.

Chaque village, chaque bourg, chaque ville doivent avoir des bois communaux en coupe réglée et repartie sur les chefs de maison au degré de leurs facultés contributives, à moins que la nature du sol où sont placés ces villages, ces bourgs, ces villes, ne se refuse obstinément à la végétation silvaine.

Il faut cependant excepter, du nombre des villes susceptibles de posséder en communauté des bois sous la faculté de la répartition, ces villes immenses dont l'énorme population est un désordre dans l'harmonie sociale; l'effraïante disproportion de leurs besoins, laisse à leur situation et à leur commerce le soin de leur prévoïance.

La voix du peuple invoque une loi pour enjoindre à tous les particuliers propriétaires des forêts, de les vendre aux localités communales sur le territoire desquelles ces bois et forêts sont situés ou placés à leur bienséance et à leur approximité.

Les localités communales prendraient avec les vendeurs, des arrangemens pour le cours de la rente, et des époques pour vuider le paiement.

Les bois nationaux doivent sortir de la tutelle d'une régie désastreuse pour être vendus et distribués entre celles des localités communales à qui le voisinage de ces bois peut en rendre l'acquisition aussi nécessaire que précieuse.

Le soulagement que les localités communales, d'après le plan de cet ouvrage, sont susceptibles d'éprouver dans la modification contributive et dans la justice de ce nouvel ordre d'institutions, prêtera à leur caisse des moïens d'épargne et d'économie assez puissans pour faire face à l'utilité importante de leurs engagemens.

La nation considérée sous l'amphibologie de ce nom collectif, ne doit point posséder sous un titre vague et sous la tutelle d'une régie des bois et des forêts; c'est une propriété élémentaire qui appartient de droit naturel et politique à chaque communauté que le destin a placé dans leur voisinage; car sous le nom de la nation, ce serait nourrir dans l'ombre le serpent des abus, et préparer à la France le dépérissement et la dégradation des bois, et la hausse prochaine et criante de leur prix et du monopole de leurs trafics.

Dans

Dans les contrées où il n'y a pas de bois, mais dont le sol opulent serait favorable à leur action végétale et nutritive; les localités communales de ces contrées ne pouvant point participer à l'avantage d'acquérir des bois formés en coupe régulière, ces localités néanmoins, sont invitées par l'accent de leur prévoïance et de leurs besoins, d'acquérir en communauté ceux des terrains qui dans leur ban sont les plus rebelles aux soins de l'agriculture, à l'effet de convertir ces terrains en plantations plus utiles, en plantations de bois.

Il y a sur la surface de la France un million d'arpens de terre et plus qui fatiguent l'agriculture sans la récompenser de ses soins: de là vient la langueur et la misère qui tournent la charrue sur ces terrains ingrats; de là vient le dépérissement des bestiaux attachés à la galère de cette vaine culture; de là vient le dépérissement de l'espèce humaine elle-même qui, sur un sol rebelle se, consume en travail et en chagrin.

La prospérité de l'agriculture consiste moins dans la quantité exploitante des terres, que dans l'heureux choix de leur fécondité. Il y a en France des terrains sur lesquels on lève à la moisson neuf, dix et onze cents gerbes sur chaque arpent, tandis que dans d'autres contrées, dix arpens ne rapportent pas ensemble neuf cents gerbes, et même beaucoup moins encore.

Si une terre ne rapporte pas les frais de la semence et de la culture, il faut la changer de nature.

Si une terre ne rapporte que les frais des semences et de la culture, il faut renoncer encore à lui donner des soins pénibles qu'elle ne récompense pas.

Convertissez ces terrains en bois, ils rapporteront à la société des avantages beaucoup plus précieux, beaucoup plus étendus qu'une vaine culture arrosée dans les sillons de son aridité par les larmes de la douleur.

Des terres labourables, mais fertiles, des prairies naturelles et des bois sont l'opulence et l'embellissement des contrées qui présentent sur leur surface la pompeuse variété de cette riche symmétrie.

L'exploitation des forêts entretient dans les campagnes la race des hommes la plus saine et la plus robuste : des bucherons, des mariniers, des scieurs de long, et plusieurs autres classes de travailleurs endurcis aux plus grandes fatigues, et qui tour-à-tour savent manœuvrer la scie, la serpe, la hache, la pelle, la pioche, la faux, la faucille et le fléau.

Les forêts sont donc la plus grande ressource dans les campagnes : elles emploient des bras qui tour-à-tour se prêtent aux spéculations du commerce des bois et à l'attente du laboureur, Lorsque la moisson appelle au sein des guérets l'étincelante faucille au pied des blonds épis.

Indépendamment de ces avantages, les forêts donnent l'être aux arts les plus précieux et les plus utiles; elles donnent l'être à des fabriques, à des manufactures, à des ateliers précieux; elles nourrissent les fourneaux des forges, des fonderies, des verreries, des faïanceries, des poteries, des tuilleries, des briqueries, des fours à chaux, des huilleries et plusieurs autres fourneaux du travail et de l'industrie des hommes.

Les forêts sont une source de richesses et de prospérité dans les païs où leur étendue a été respectée et favorisée: de combien de douceurs, de combien d'avantages les forêts ne sont-elles pas la source constante et féconde? Les forêts recèlent dans leurs productions végétale une portion des besoins, des alimens essenciels à la vie des hommes; elles recèlent les plantes et les fruits les plus salubres; elles recèlent la faine, qui rècueillie et rassemblée sous le cabestan, distile dans les étreintes de cette compression une huile qui ne cède pour le goût et la limpidité qu'à l'olive libérale que le soleil favorise et mûrit dans les campagnes de la France placées à son midi.

La combinaison précieuse de tant d'avantages réunis, doit diriger tous les efforts pour accoître, multiplier et augmenter les bois et les forêts, en joignant à leur continent les terres qui font regretter à la charrue les pénibles et stériles sillons qu'elle ouvre dans son sein.

Il est encore plus important dans les campagnes isolées où l'œil attristé, cherche envain la pompe et la verdure des forêts, et la majesté imposante de ces fronts de batailles qui sourcillent avec fierté sur le dos des collines et des montagnes ; il est encore plus important, disons-nous, dans ces campagnes dépouillées du plus bel ornement de la terre, de multiplier et d'encourager les plantations de bois, et d'en couvrir les terrains qui consomment les travaux et les frais de l'agriculture.

Combien de terres en France que l'on a mis en culture, et qui n'auraient jamais dû quitter leur état primordial, cesser d'être de belles et de vastes forêts; c'est à l'ignorance qui a présidé à ces défrichemens à qui il faut imputer l'erreur et le mauvais choix de tant de contrées qu'il eut été si intéressant de laisser en forêts.

Mais il faut dire tout: le fer et le feu de la guerre, les horreurs, les ravages ont bien des fois ruiné et incendié de belles forêts, ont souvent dépouillé la terre du plus auguste, du plus majestueux de ses ornemens, en laissant sur un sol affligé une cendre douloureuse et amère, humectée des pleurs de la nature attendrie.

C'est sur ces terrains dévastés que des colonies de cultivateurs, chassées sous les courroies du régime féodal plutôt que dirigées par les lumières de la physique et de la raison, ont ouvert des défrichemens. Cette première culture sur une terre neuve et encore vierge, sur une terre engraissée depuis tant de siècles, de la sève et de l'humidité des forêts, a été encouragée par l'étonnement de sa fertilité; mais les sucs de ce nouveau sol se sont insensiblement perimés, ont été insensiblement dévorés, en rendant beaucoup et en recevant peu. Alors on a reconnu quelques années après, ces contrées ne présentant plus qu'un dos aride, on a reconnu que sa fécondité n'était qu'une beauté évanouie, et que sa nature était disposée à recevoir l'ombrage des forêts, et non pas pour recevoir dans son sein le soc tranchant de la charrue avec le dépôt et l'espérance du cultivateur.

Voilà des terres qui perpétuent les langueurs,

la ruine et la misère de l'agriculture; voilà des terrains qu'il est bien plus utile de rhabiller en forêts, que de les laisser dans cette nudité aride qui, même à l'approche des moissons, ne présente à l'œil attristé du laboureur que la maigreur de quelques épis épars et souffrans sur un chalumeau étique et desséché.

S'il est important de relever le front majestueux des forêts sur les terrains que l'agriculture et l'igorance leur ont usurpé, il est bien important que ce soit les communes qui les possèdent en propriété souveraine, et que leur exploitation soit dirigée en coupe régulière par l'administration municipale elle seule, étant toutefois autorisée par l'homologation du conseil général des citoïens de la localité. Il est également bien important que les anciennes forêts et les bois aujourd'hui existans, passent sous des conditions légales à la disposition et propriété des communes qui les approximent.

On ne doit cependant pas interdire à ceux des particuliers que la loi obligerait à vendre leurs forêts au désir des communes, de se réserver un canton de bois pour leur usage et leur consommation personnels, pourvu que sa continence n'excède pas l'étendue de vingt-cinq arpens.

La loi doit permettre pareillement à tout particulier d'élever sur son terrain une plantation de bois, pourvu que sa continence dans le même cas n'excède pas l'étendue de vingt-cinq arpens.

Mais, quant aux communautés formant un corps de citoïens affiliés au régime municipal, la loi doit leur laisser une liberté absolue, soit pour l'acquisition des anciennes forêts, soit pour l'étendue des plantations qu'elles auraient délibéré d'entreprendre.

Chaque communauté est souveraine chez elle : c'est la nation en abrégé.

Les administrations directoriales ne doivent pas être instituées pour despotiser les communautés; elles doivent être instituées dans le systême de l'harmonie pour concilier avec sagesse comme médiatrices les différens qui pourraient s'élever dans leur sein, et pour représenter la loi comme paisibles dépositaires de ses mandemens.

CHAPITRE XII.

De l'Agriculture.

UN grand nombre d'observateurs, recommandables d'ailleurs par leurs talens et leurs lumières, ont écrit sur l'agriculture, et je me déciderais à garder sur cette partie intéressante le plus profond silence, si je n'avais pas à y répandre de la clarté et des vérités nouvelles qui ont échappé aux spéculations des hommes illustres qui m'ont précédé dans cette carrière.

Lorsque l'égalité des avantages devient la base fondamentale des loix; lorsque cette répartition sagement combinée est applicable à tous les citoïens considérés, soit en particulier, soit en corps de réunion, toute espèce d'usurpation devient une atteinte immorale portée à la pureté et à la consécration de ses principes.

Toute société légitime doit être distribuée

de manière que si les arts et le commerce sont libres au sein des cités, la charrue doit être indépendante au sein des campagnes.

On se plaint depuis long-tems de la décadence de l'agriculture, de la misère et du découragement des laboureurs; on se plaint que les bestiaux associés aux travaux agrimones et à ses succès dégénèrent de race en race, pour bientôt ne plus offrir que l'anéantissement de leur espèce avec la ruine et le désespoir des campagnes.

Pour rappeller l'agriculture des souffrances et des langueurs de son agonie, et lui donner le lustre et la dignité qui lui conviennent si essenciellement, il faut inviter les propriétaires à se fixer dans leurs maisons rurales et sur leurs terres.

Le principe destructeur de l'agriculture provient de l'abandon des terres en fermage: cet usage si opposé au vœu et à la prospérité des établissemens ruraux, est encore une trace de l'oppression féodale et de ces tems d'ignorance et de barbarie, où le possesseur territorial dédaignait le premier de tous les arts, l'indépendance agricole, pour aller s'avilir, s'encrapuler à la cour ou faire le vaurien dans une garnison où le frippon à brevet dans l'agiot des finances ou dans les tripots du barreau.

Dans un païs organisé sur des principes de sagesse, la prospérité de l'agriculture invoque une loi qui oblige les propriétaires à la résidence sur leurs terres et à leur exploitation.

La loi ne doit point permettre dans les païs à labour ni dans les païs à pâturage et à grands nourris, que les terres à prix d'argent soient abandonnées à des mains précaires.

La loi doit taxer à une triple imposition pour le compte du propriétaire les terres abandonnées en fermage.

La loi ne doit point admettre d'exception ou d'excuse sous prétexte que le propriétaire cultive par lui-même dans un autre païs. Dans ce cas, il faut qu'il opte, c'est-à-dire, qu'il vende l'une de ses deux terres, ou qu'il se résolve à supporter une triple imposition sur celle de ces deux terres qu'il n'exploitera pas.

Si le même propriétaire a plusieurs terres,

toutes celles qu'il n'exploitera pas par lui-même seront dans le cas de la triple imposition.

Quel abus, quel désordre, quand on voit un riche casanier plongé dans l'oisiveté et dans la nullité de son être, appauvrir et altérer les campagnes en dévorant au sein des villes les revenus de ses propriétés territoriales! un pareil individu est la sang-sue du malheureux fermier, un pareil individu est le fléau des guérets; il dévore la substance de la société rurale sans jamais lui en rien rendre.

Les terres au laboureur; les arts, les fabriques, les manufactures et le commerce à l'habitant des cités. Par là, tout est dans l'ordre: l'activité soutenue par le sentiment de la propriété, anime les travaux et l'industrie des campagnes; l'émulation des talens, la gloire des nouvelles découvertes, la perfection florissante des anciennes, l'opulence et la splendeur du commerce; voilà les avantages qui embellissent les villes. Alors les campagnes et les villes apanagées chacune de leur côté, par le partage et la distinction des attributs qui conviennent à leurs propriétés respectives, offriront au sein de la société, le spectacle délicieux et touchant de l'égalité, du bonheur et de l'harmonie.

S'il importe à l'agriculture de faire des élèves en bestiaux, il importe de conserver soigneusement les prairies naturelles, celles qui sont placées sur les rivages des fleuves des rivières et des ruisseaux.

Il convient pour entretenir la fraicheur salutaire de ces grands tapis de verdure, d'ouvrir des rigoles sur leur surface, et d'y amener les eaux par intervale au moïen des écluses.

Ce n'est pas encore assez de pourvoir à l'essenciellement utile, il faut encore s'occuper des plantations d'agrément qui embellissent les païsages par un air tout à la fois majestueux et imposant.

Les peupliers sont l'ornement des prairies; les peupliers donnent à la nature quelque chose de grand et d'animé. La plantation des peupliers, en contribuant à la plus grande beauté des vallons et des païsages, peut encore sous différentes démarcations, indiquer entre plusieurs propriétaires le tracement de leurs limites.

S'il devient si précieux de conserver les prairies naturelles, il ne le devient pas moins de conserver les prairies agrestes et sylvaines que l'on appelle ordinairement hautes pâtures où, durant les deux tiers de l'année, on envoie héberger les troupeaux de gros bétail.

Les localités qui ont l'avantage de posséder de ces prairies en hautes pâtures, doivent les conserver avec le plus grand soin, et améliorer leur valeur en saignant la pelouse par des rigoles susceptibles d'y entretenir une fraîcheur dont la vigilance serait confiée au pasteur chargé de la conduite du troupeau.

Celles des localités qui n'ont point de ces prairies communes en haute pâture, doivent s'occuper à rassembler les terres qui ne sont pas assez profitables dans l'agriculture pour les acheter au nom de la communauté et les convertir en pâturages publics.

Ce sera un service signalé rendu à l'agriculture qui, pour atteindre à un état florissant, a si grand besoin de fonder sa prospérité sur la multiplication, le choix et le bon entretien des élèves.

Les troupeaux doivent être confiés à la garde d'un pasteur salarié par la commune.

C'est un abus oppressif et désastreux dans les campagnes, que la dure nécessité où sont réduits les citoïens villageois, de conduire ou de faire conduire leurs vaches à la longe pour les faire pâturer le long des chemins une herbe insalubre et flétrie.

Il résulte de cet usage contraint par une fatale nécessité, plusieurs inconvéniens d'un genre grave et offensant.

1°. De réduire par chaque village plusieurs personnes à cette occupation oisive, tandis que leurs mains ou leurs bras pourraient être emploïés dans les travaux de la campagne à un exercice plus important et plus profitable, ce qui dans une année provoque une perte très-sensible, qui se multipliant ensuite par le nombre des personnes réduites à cette nullité passive, et par le nombre des villages, des bourgs et des villes de France où cet usage est en circulation par la privation des pâtures communales, on trouvera la perte effraïante.

Quelques personnes ont osé avancer que les vaches conduites à la longe rendaient plus de lait que les vaches vagantes dans les hautes pâtures sous la conduite d'un pasteur.

Je répondrai qu'il se trouve quelquefois que les vaches conduites à la longe et sous la conduite d'une personne prudente rendent plus de lait que des vaches vagantes; mais aussi il est reconnu que s'il a quelquefois quelques degrés d'abondance de plus, il a plusieurs degrés de moins pour la qualité. D'ailleurs, les vaches assujetties à la longe ou au tourillon, sont exposées à plusieurs accidens inséparables de l'impéritie, de l'ignorance et quelquefois de la mauvaise humeur et de l'étourdérie de leurs guides : indépendamment de ces considérations déjà assez sérieuses par elles-mêmes, les vaches retenues à la longe, contractent des maladies inconnues aux vaches lâchées en vague pâture.

En envoïant au contraire les vaches en vague

gue pâture, sous la conduite d'un pasteur, elles sont mieux portantes, deviennent meilleures portières et conservent leur lait plus long-tems que les vaches casanières ; elles deviennent d'ailleurs moins coûteuses à entretenir, et dans ce systême d'économie les nourrisseurs trouvent de l'avantage à faire des élèves et à multiplier l'espèce.

Ce stimulant qui est le résultat d'un calcul bénéficiel, en multipliant l'espèce armeline, est susceptible de multiplier les gradations de plusieurs genres d'avantages.

1°. L'abondance des beurres et des fromages, et la modération de leur prix.

2°. L'abondance des bestiaux dans les boucheries, et une modération dans le prix de la viande.

3°. et par suite de cette conséquence, une abondance dans les cuirs, et plus de modération dans les prix.

La société est bien intéressée à voter le nouveau mode d'arrangement que je propose dans l'établissement des pâtures communales, en ce que cet établissement tient à une infinité de branches ramifiées toutes intéressantes et pour le citoïen des campagnes et pour le citoïen des villes.

Les bleds ne suffisent point à la vie des hommes, et un païs qui dans ses productions n'aurait que cet unique avantage, serait le plus triste et le plus malheureux de tous.

Je n'entends cependant de tous côtés que des déclamateurs qui, dans un délire insensé, provoquent sous l'insidieux prétexte de partage et de défrichement, la bèche et la charrue au sein des pâturages communaux. Je ne sais comment apprécier ces froids et dangegeux sophistes : est-ce l'ignorance qui leur couvre les yeux, ou sont-ce les préjugés qui les égarent? Qu'ils viennent donc au sein des campagnes et dans les contrées où les pâtures communales subsistent et sont apanagées à telle ville, tel bourg, tel village; qu'ils viennent y proposer leur systême destructeur; qu'ils viennent avec le langage hostile de leur égoïsme, proposer l'anéantissement des bestiaux, en conseillant de leur fermer toutes les sources de la vie!

Le partage des communes produirait d'ailleurs un très-faible avantage aux copartageans, et produirait le plus grand des maux à l'agriculture, l'extinction des vaches et de leur espèce.

C'est envain que l'on proposerait de remplacer les pâturages par des prairies artificielles; il est reconnu que ces sortes de prairies sont nuisibles aux jumens et aux vaches en état de fécondité, et que leurs élèves périssent pour la plupart par l'effet d'une nourriture qui échauffe et épaissit le sang de leurs mères, et leur donne à elles-mêmes très-souvent la mort.

Je ne parle pas ici du sainfoin qui est un fourrage par excellence, et dont la culture ne peut jamais être trop encouragée, mais je parle du trèfle et de la luzerne et des autres fourrages artificiels, qui, tous sont dangereux et nuisibles aux élèves et à leurs mères.

Laissez ces espèces de fourrages pour des païs éloignés des eaux et privés par conséquent de l'avantage inestimable des prairies naturelles. Laissez-leur faire ressource par l'industrie de ce que la nature leur a refusé; ces sortes de païs ne pouvant point faire d'éléves, ou du moins très-rarement, en raison des dangers que ces jeunes nourrissons ont à courir dans le sein de leurs méres; ces païs sont forcés de faire venir des contrées à pâturages, des colonies de jeunes chevaux et de jenisses pour repeupler leurs étables.

Les païs à pâturages, les païs arrosés par des rivières et des ruisseaux, doivent non seulement conserver des avantages aussi précieux, mais encore les améliorer par tous les moïens susceptibles d'augmenter la valeur des prairies et des pâturages.

La qualité des pâturages est un bien inappréciable pour le païs dont le sol heureux en est avantagé. Les profits que l'économie rurale fait sur les bestiaux et les grands nourris, sont généralement plus bénéficiels que les résultats de l'agriculture elle-même : cette vérité ne doit pas échapper à l'œil et aux spéculations des cultivateurs, qui savent trouver dans leur intelligence et dans la nature du sol qu'ils font valoir des ressources trop généralement méconnues, et qui cependant sont les premiers appuis de la prospérité rurale.

Je n'ai rien à dire ici pour les païs à grands pâturages où l'on trouve les plus beaux éléves dans tous les genres de bestiaux : c'est à l'heureuse disposition du sol, c'est au bon soin des cultivateurs et à la sagesse du régime de leur maison, qu'il faut attribuer la prospérité et l'opulence de leur basse-cour.

Les pâtures communales doivent être soigneusement interdites aux troupeaux de brebis, et plus encore aux sonres ou troupeaux de porcs : c'est dans les jachères ou versaines qu'ils doivent trouver leurs pâtures.

Mais les pâtures communales doivent être ouvertes non-seulement aux herdages ou troupeaux de vaches, mais encore aux chevaux et aux bœufs emploïés à la culture.

Dans les saisons où les laboureurs ne font qu'une atelée par jour, il conviendrait qu'ils entretinssent en commun un pasteur tel que les laboureurs en plusieurs contrées de l'Allemagne en entretiennent sous le nom de cavalier, pasteur de chevaux ou cavales.

En choisissant pour pasteur, un guide mûr et prudent, les bestiaux de culture seront ménagés, et dans cet arrangement les laboureurs feront une économie, en se passant de ces jeunes pâtureaux à qui on confie imprudemment la garde de bestiaux que leur étourderie expose à tant de dangers, ou sur lesquels leur licence leur permet des actes de dureté et de violence.

Cet abandon indiscret devient chaque année fatal à l'inertie et à l'aveugle confiance des laboureurs, qui pourraient s'épargner une partie de ces jeunes drôles que l'oisiveté grossière précipite dans des désordres qui offensent et qui dégradent les campagnes et les propriétés.

Quoique tous les païs à pâturages ne soient pas également favorisés dans l'heureuse fécondité du sol, l'attention et la vigilance des cultivateurs, peut cependant rémédier à ce que la nature a oublié. La maigreur et la pauvreté des pâturages ne peuvent point promettre d'élever sur leur sein la prospérité florissante de ces grands troupeaux, l'ornement et la splendeur des pâturages féconds et abondans. Mais on peut avec de l'intelligence et une sollicitude éclairée, féconder la sécheresse d'un pâturage négligé et lui donner une nouvelle existence avec des moïens nouveaux plus actifs et plus puissans.

Si le bétail est dégénéré, il ne faut pas espérer de relever les races, si on n'a pas recours à des moïens d'efficacité physique. Il faut dans ce cas-là faire venir des étalons des païs à grands nourris; il faut faire venir aussi des taureaux : ce n'est qu'en coupant les races abâtardies par des races d'élite, que l'on parviendra par degrés à corriger leurs défauts.

Ces procédés doivent être suivis avec une étude réfléchie et continuée avec exactitude durant plusieurs générations : il serait même de la sagesse de les continuer toujours, et les espèces dégénérées acquerraient par degrés au moïen de ce mêlange du sang, des qualités approximées aux races les plus perfectionnées.

Je viens de parler pour les deux espèces de gros bétail dont la conservation utile a été trop long-tems négligée dans certains païs de la France, au point de faire craindre qu'il ne soit aujourd'hui trop tard pour corriger le vice de leur race. Cependant des soins constans et de la persévérance peuvent opérer de grands effets avec le tems; et nous invitons les cultivateurs de ces contrées à ne rien négliger pour régénérer des bestiaux sur l'existence, le service et le produit desquels toute leur prospérité est assise et fondée.

Je recommande les mêmes attentions pour les brebis, tant pour la conservation de leur part, que pour le soin qu'exige l'enfance des agneaux.

Les cultivateurs aisés doivent autant qu'il est possible, se procurer des cours vastes et spacieuses pour y fixer et y promener les jeunes élèves du gros bétail.

Je désirerais bien que le corps de logis fût séparé des granges et des étables, et même que les étables fussent séparées des granges.

Je désirerais bien que l'on établît dans la cour une pompe, et que l'on ouvrît à côté un bassin dans lequel la pompe pût verser les eaux nécessaires et suffisantes pour désaltérer les bestiaux et les volailles: il serait même à désirer que l'on ouvrît une rigole pour durant les chaleurs de l'été vuider de tems en tems le bassin, et lui rendre sa fraîcheur par de nouvelles eaux.

La construction des puits est fort ancienne: elle date à des époques où les arts étaient encore grossiers, à des époques où le génie de l'invention n'avait pas encore trouvé le moïen de faire monter l'eau avec le secours des pompes. Aujourd'hui que l'on possède cet avantage sous les rapports les plus commodes et les moins dispendieux, c'est faire outrage à la raison et aux arts, que de conserver des puits. Peut-on, sans frémir, dormir à côté de ces abymes perpendiculaires dont l'éternelle nuit peut couvrir de son ombre les attentats des méchans? Cette réfléxion seule doit déterminer les personnes sensées et honnêtes à proscrire pour jamais l'usage des puits pour leur substituer celui des pompes.

Les cultivateurs, je parle des cultivateurs de la classe aisée, ne doivent point négliger d'embellir le séjour de leur habitation par des jardins potagers et tenus avec le plus grand soin, et par des spacieux vergers qui offrent les agrémens des bocages, les libéralités de Pomone, la verdure et l'émail des prairies.

Il serait peut-être à désirer que dans les païs à culture régulière, on établit d'après l'étendue du finage un certain nombre de grandes culture : c'est-à-dire, que dans un village il y aurait quatre, six ou huit cultivateurs proportionnellement et d'après l'étendue du territoire, lesquels cultivateurs seraient fixés invariablement pour le nombre mineur à cinquante ou soixante arpens mesure de France par chaque saison (1).

Je propose cet arrangement pour parer aux inconvéniens auxquels l'agriculture est exposée par le démembrement des terres à grande culture.

Ainsi un cultivateur aïant plusieurs enfans, laissera à l'aîné, et à son refus, à tel autre de ses enfans qui accepterait le labour et l'héritage territorial, moïennant que celui-ci ferait

(1) Mesure de France s'entend ici des cent verges à l'arpent.

une rente à ses frères et sœurs qu'il païerait annuellement, soit en nature, soit en banque, jusqu'à ce qu'il les ait remboursé du principal, lequel remboursement ils seraient tenus les uns et les autres, soit collectivement, soit séparément, de recevoir à sa première offre.

Cet arrangement que je propose, pourra au premier coup d'œil paraître contraster avec mes principes sur le vœu de l'égalité; mais en réfléchissant sérieusement sur l'essence de l'agriculture et sur l'importance de sa conservation, on appercevra évidemment les résultats salutaires de cette disposition civique. Les cohéritiers d'ailleurs, ne pourront s'en plaindre, puisqu'ils sont assurés du gage représentatif de leurs droits, avec la faculté d'adopter dans la société un état à leur choix et à leur convenance; au lieu qu'en appellant tous les héritiers au partage effectif des principales forces de l'agriculture, de ce démembrement résultera nécessairement un dérangement offensif dans la prospérité rurale.

Si une trop forte entreprise de terres devient nuisible à la reversibilité et à l'action de ses détails et de ses travaux, une culture trop médiocre ne devient profitable qu'à celui qui exploite : dans une culture médiocre, les produits et les recoltes se fondent et s'absorbent dans la seule maison des cultivateurs : et le commerce social ne participe point ou du moins bien faiblement dans les résultats d'un produit qui se trouve dévoré par le travail-même qui l'a fait naître. Ainsi le cultivateur devient en même tems l'unique consommateur. Cette observation est assez sérieuse pour éveiller sur le danger de ses conséquences l'attention, la prudence et la sagesse.

Ainsi il faut autant qu'il sera possible éviter dans le systême de l'agriculture les deux extrémités, les trop grandes entreprises et les trop faibles; les trop grandes entreprises sont susceptibles dans la multiplicité des soins d'amener de la négligence dans l'exploitation des terres, l'entretien des bestiaux et l'entretien des éléves, si le propriétaire n'a pas l'œil sans cesse ouvert sur tous les détails et l'ensemble de son tracas : les cultures trop faibles péchent par un autre endroit, l'impuissance de donner au labour l'étendue et la plénitude de tous les moïens qu'il exige d'un atelage bien monté.

Ce n'est pas que je veuille insinuer qu'il faille ravir à un possesseur légitime et paisible la terre de ses ancêtres ; mais je conseille de préparer par des modifications tempérées et réfléchies un ordre plus stable et moins versatile dans l'organisation des propriétés rurales.

Il y aura toujours des labours à petite culture ; mais la loi doit favoriser par tous les moïens d'une sage prévoïance la prospérité des grandes cultures.

Je sais que je n'ai fait que donner l'esquisse de mes réfléxions sur l'agriculture comme sur d'autres objets ; mais les bornes que je me suis prescrites dans cet ouvrage relativement au nombre et à la combinaison des matières que j'avais à y présenter, m'oblige à remettre à un travail séparé l'examen approfondi de l'agriculture que je ferai publier incessamment avec une dissertation expérimentale sur les différentes manières d'élever et d'entretenir les bestiaux, sur les rapports les plus avantageux et les plus profitables, et un tableau comparatif du choix et de la variété du régime, adopté dans les climats de l'Europe à grands pâturages, tels que dans l'Andalousie, l'Estramadour, les Asturies et la Catalogne en Espagne; les Pyrénées françaises, l'Auvergne, le Berry, le Poitou, la Bretagne, la vallée d'Auge et le Calvados; la Flandre, la Hollande, l'Ecosse et l'Irlande, le Hannovre, le Danemarck, le Franckland, le Palatinat du Rhin, la Suisse, la Boheme, la Transilvanie, la Podolie et et la Sicile.

J'aurai aussi à donner les divers procédés de culture que j'ai suivi et observé avec tant d'intérêt, lorsque j'ai parcouru ces climats où j'ai fixé le premier degré de mes études et de mes méditations, d'après l'influence et la qualité des élémens qui dominent le plus puissamment sur le physique et la végétation du sol.

CHAPITRE XIII.

Des grains, et des vivres.

DANS un païs placé sous la même loi, il ne doit y avoir qu'un poids, qu'une mésure, une seule patrie, un seul Dieu.

Dans un païs organisé sur un plan d'équité et de sagesse, le prix des grains, le prix, des vins, des viandes, des bois, et de tous les objets de nécessité premiére, doivent être les uns et les autres taxés dans tous les tems et fixés à un prix invariable et uniforme dans toute l'étendue de la république.

Cette loi arrêtera tout court l'activité ténébreuse des accaparemens, lorsqu'une fois les monopoleurs ne pourront plus fonder dans l'avenir la base criminelle de leurs speculations meurtriéres.

Mais, dira-t-on, les païs dont le sol ne

produit pas, comme, par exemple, du bled, du vin ou du bois, comment pourra-t-il ne païer que le même prix à l'instar des contrées où ces productions naissent en abondance et du sein desquelles ils en tirent le superflu?

J'ai à répondre à cette objection, qui serait bien futile, si on n'avait que celle-là à me faire, que presque tous les païs varient plus ou moins dans le genre et la qualité de leurs productions: tel païs produit beaucoup de bled sur des plaines fertiles; tel autre offre à l'œil une chaîne de côteaux couverts d'immenses vignobles, la joie et l'espoir des vendanges; tel autre presente des sommets élevés, dont le dos est chargé de vastes forêts et les vallons de gras paturages; tel autre païs placé sur les bords de la mer et enseveli sous des dunes de sable, à besoin de la pêche et de la navigation pour assurer ses ressources; tel autre païs enfin brûlé par le soleil du midi n'étale dans lès plaines et sur un sol ardent et altéré, que des orangers, des citroniers, des grenadiers, des oliviers.

Des

Des avantages si variés sont compensés par l'utilité des échanges et la réciprocité des besoins. La pêche, les salines et les beurres de la Bretagne compensent les riches moissons du Poitou et de la Touraine, et les heureuses vendanges des côteaux de l'Anjou. La Provence n'a ni moissons, ni forêts, ni pâturages, mais elle recèle dans un sol sabloneux des plantations assez précieuses pour équivaloir aux productions des autres climats qui lui apportent en échange de ses huiles d'olives, de ses citrons, de ses oranges, de ses savons, de ses laines, des bleds, des bois et toutes les autres denrées essencielles à ses besoins et à sa consommation. Les plus belles et les plus vastes plaines du Languedoc tirent profit des mêmes ressources comme la Provence, et sur-tout de l'abondance de leurs mûriers et de la culture des vers à soie sous un climat dont l'hiver est le printems du Nord de la France.

Si on excepte les déserts et les landes, chaque païs, l'un par la fécondité de ses productions territoriales, l'autre, par l'avantage de sa position et de son commerce, un autre, par le travail et l'industrie laborieuse de ses habitans, chaque païs enfin, soit par l'un ou l'autre de ces résultats tire de la nature ou de son application industrielle de quoi maintenir l'équilibre, malgré la combinaison des obstacles.

Je reviens à l'essence de ma première proposition, et j'insiste à ce que le prix du grain, du vin, de la viande et du bois soit taxé et fixé à un prix invariable; mais il faut aussi pour maintenir l'équilibre des échanges que les productions territoriales qui appartiennent à tel ou à tel climat, et qui entrent dans la classe des objets de seconde nécessité, soient également taxés et fixés à un prix qui ne puisse être dérangé sous prétexte d'année stérile, de recolte malheureuse ou sous aucun autre prétexte que l'avidité du gain, n'est que trop accoutumé à fabriquer pour provoquer une hausse désastreuse et un dérangement dans l'équilibre et le rapport des échanges.

Ce sont ces spéculations indécentes et cruelles, ce sont ces hausses arbitraires dans le prix des denrées, fruits indigestes et honteux des manœuvres souterraines de l'accaparement qui ont depuis si long-tems porté au milieu du peuple les souffrances et la misère au sein des richesses et de l'abondance; ce sont ces désordres de quelques égoïstes, nés sans pudeur, qui ont affamé le peuple le lendemain des plus belles moissons; et ce sont ces désordres qu'il faut prévenir par le concert de toutes les mesures dictées par l'oracle de la sagesse.

Ainsi, dans la transaction des échanges l'habitant du fond du Limosin païera le vin comme l'habitant de la Bourgogne, à l'exception des frais de transport; il païera le bled comme l'habitant de la Beauce, à l'exception des frais de transport pour le faire parvenir dans son païs : et l'habitant de la Bourgogne et celui de la Beauce païeront à la boucherie le bœuf du Limosin comme il le païe lui-même dans sa résidence, à l'exception des frais de transport qui, dans le détail, deviennent nuls et à peine sensibles.

Je sais que l'intérêt déshonnête et criminel des accapareurs est industrieux à forger des barrières pour fermer le passage au bonheur général, je sais que leur haleine corrompue empoisonne les sources du bien; je sais que le mensonge qui découle de leur bouche, répand sa noire vapeur sur l'innocence de la vérité et sur la pureté de ses couleurs. Mais le règne des méchans sera-t-il éternel, et les bras qui ont abattu la tyrannie, ne pourront-ils pas élever la timide vertu sur l'audace et les trophées du crime? Ah! que cette espérance tarde aux vœux des cœurs bien nés, tarde aux vœux des amans de la vertu et de l'humanité! . . . .

Quand le crime a tant de moïens pour agir, n'y en a-t-il pas du ressort de la vertu pour opérer le bien? C'est l'intérêt, c'est le vil intérêt qui recrute les spadassins du crime, c'est le vil intérêt qui les retient sous son empire: au lieu que la vertu ne promet qu'une couronne de chêne et le témoignage d'une conscience pure à la constance et à la fidélité de ses amans, qui ont tout quitté pour marcher sous ses drapeaux.

Dans un païs tel que la France, il peut y

avoir des contrées frappées par les fléaux des élémens, mais ces calamités ne sont point universelles. Tel païs souffre de la gelée ou de la grêle, quelquefois par des hâles et des longues sécheresses, ou par le ravage des inondations : mais encore une fois, ces afflictions qui sont le résultat des dispositions de l'air, de ses mouvemens, de ses combats entre les élémens ne s'étendent point par-tout : il y a des limites dans le jeu de l'athmosphère et dans la distribution de ses phalanges, comme nous l'apprenons par l'étude et la révélation de la physique.

Une contrée a été affligée dans ses recoltes, les contrées voisines qui ont été plus heureuses peuvent lui rendre ce que les fléaux des élémens lui ont enlevé.

Ce serait affliger deux fois cette contrée, si ses voisins haussaient le prix de leurs denrées pour abuser de sa perte et de son malheur.

En fixant pour tous les tems le prix des denrées à un taux invariable, les païs affligés dans leurs recoltes, auront moins à souffrir que par ces hausses subites et cruelles qui, réglées sur leurs besoins par les calculs du monopole, leur portent une atteinte plus fatale encore que le fléau des élémens dont ils ont été frappés.

Quoi de plus barbare que ces renchérissemens dans les tems de disette! N'est-ce pas un attentat contre la vie des humains? Ce renchérissement comble la misère publique pour étancher la soif du farouche égoïsme qui repaît son œil cruel et sombre des pleurs et du spectacle déchirant des malheureux tourmentés dans les rigueurs de leurs besoins.

Faut-il que je retrace les malheurs dont j'ai été témoin? Faut-il que je dévoile l'horrible mystère de ces cruelles famines que le despotisme a quelquefois provoquées le lendemain des moissons les plus abondantes? Faut-il que je dénonce les provocateurs de cette douleur publique? Faut-il que je rende compte de mes fatigues, de mes travaux? Faut-il que je rende compte des efforts que j'ai faits pour conjurer les sinistres horreurs de ces complots de famine tramés dans l'enceinte ténébreuse du château de Versailles? . . . .

Si je dois un jour révéler ces horribles secrets, je dois révéler aussi la perfide combinaison de tous les autres projets que j'ai vu éclore, que j'ai vu mûrir à l'ombre de ce colosse d'airain, dont la tête montait dans les cieux et dont les pieds touchaient aux enfers ; enfin, si je dois un jour publier ces vérités affreuses, mais nécessaires, pour lever entièrement le bandeau des peuples et les éclairer sur la cruauté farouche des idoles qu'ils ont si long-tems encensées, il faut que je prépare de nouvelles couleurs pour peindre tous les crimes et les caractères de cette histoire ; mais aujourd'hui mon objet est seulement d'indiquer les moïens de préserver le peuple à l'avenir des attentats de l'accaparement.

La prudence ne me permet pas de conseiller d'entasser les bleds dans des vastes magasins, sur-tout dans l'enceinte des villes, où l'air étant moins rarifié qu'à la campagne, les grains y sont susceptibles de s'échauffer et de s'y corrompre.

Il conviendrait plutôt que les laboureurs

à grande culture, ceux de la classe indivisible dont j'ai parlé dans le chapitre précédent, fussent tenus de garder en tout tems dans leurs greniers une certaine quantité de grains dans leurs diverses espèces et dans une quantité qui serait déterminée d'après la valeur du territoire et le nombre des charrues qu'ils emploient.

Pour l'observance de cette précaution, il faut une loi obligatoire pour la garde fidèle de ce dépôt sacré.

Il ne doit pas être permis à aucun laboureur de toucher à cette réserve, qu'il n'ait constaté après la moisson suivante par une déclaration devant la municipalité de sa résidence, qu'il est sur le point de remplacer les anciens grains par les nouveaux; de manière qu'en continuant ce renouvellement d'année en année, il puisse toujours offrir une réserve dans les tems de disette et de nécessités publiques.

S'il y a quatre, six ou huit laboureurs à grande culture dans une localité rurale, ils seront tous astreints à la même loi et dans une proportion relative à leurs facultés agricoles.

Chaque année, deux mois après la moisson, chaque municipalité, d'après les renseignemens les plus positifs, constatera l'état des recoltes et adressera l'expédition du procès-verbal au directoire du district, avec mention de leur insuffisance si les recoltes n'ont pas été heureuses, de leur suffisance, si les recoltes ont été passables, comme aussi de leur dégré d'abondance au dessus, s'il y a eu pleine moisson. Le directoire du district dressera de son côté un procès-verbal en forme d'état sur le rapport de toutes les localités de son arrondissement, et l'adressera au directoire du département.

Le directoire du département fera le relevé des états à lui adressés par ses districts, et le fera passer à l'assemblée générale du cercle après l'avoir rendu publique par la voie de l'impression, afin de pourvoir au soulagement des contrées qui auraient souffert dans leur recolte; et le superflu qui sera reconnu en excédant à la consommation annuelle, indépendamment des greniers de réserve, ce superflu sera déclaré par l'assemblée générale du cercle, denrée libre et marchande dans son transport pour l'étranger.

J'ai indiqué dans le chapitre du ruban des frontières les précautions de surveillance pour la fidélité des transports des grains destinés à l'étranger.

CHAPITRE XIV.

Réflexions sur la chasse.

'HOMME qui commence à s'adonner à chasse a besoin d'un cœur barbare; en abituant à cet exercice de destruction, son ur acquert tous les dégrés de cette férocité i éteint les sentimens de douceur et de mpassion.

ans l'ordre moral, le chasseur est un monstre i dévaste, qui déchire le sein de la nature, est un monstre qui fait une guerre ouverte t déclarée à l'innocence de ces timides aniaux, que la mère commune a comme lui lacés sur la terre; c'est un monstre qui, haitué au carnage, s'élancerait sur ses semblales, s'il n'était pas retenu par le frein des ix.

La chasse aux bêtes nuisibles est un droit

de représailles, dont la faculté est applaudie par la raison et par la nécessité de détruire des espèces que la nature n'a pu créer que dans ses momens d'erreurs.

Pour purger le sein de la terre d'une pullulation dont elle est infectée, les institutions sociales doivent même encourager ces destructions nécessaires, ces horribles couvins d'insectes et de reptiles et les repaires meurtriers et sanglans, au fond desquels les bêtes farouches entraînent leur proie et leurs victimes.

La santé des arbustes et des végétaux, la prospérité des jardins, des vergers, des moissons, invoquent la destruction des insectes, des reptiles qui empoisonnent les fruits et les productions de la terre. La sûreté des troupeaux, la sûreté des volailles, invoquent la destruction de ces bêtes carnivores qui ne vivent que du ravage et du meurtre.

Ce serait une belle institution que celle qui décernerait des prix à l'adresse des chasseurs qui détruiraient les insectes, les reptiles et les bêtes farouches dont l'existence est un euil pour les êtres paisibles et un outrage tous les chefs-d'œuvres de la création.

Mais c'est affliger la nature dans ce qu'elle de plus beau quand le chasseur barbare, en mbuscade sur la rive d'un guéret, attend le épart du lièvre timide, et arrête d'un coup e feu sa course triangulaire, ou quand il rprend le chevreuil au lancé, ou quand il nverse d'une bale meurtrière le jeune faon ui tombe en gémissant auprès de la biche éplo- e, ou quand il emprisonne le cerf dans un tang où il cherchait un asyle et un soulage- ent à sa soif dévorante, et quand après oir joui de ses larmes et des accens plaintifs e sa douleur, il lui laisse un passage pour oir déchirer ses flancs par une meute féroce, recueillir les derniers soupirs de sa pénible onie.

Quel mal font à l'homme les hôtes paisi- les des bois pour les aller poursuivre au sein u vaste silence de leur demeure tran- uille et solitaire? Envain les forêts les cou- ent de leur ombrage et protègent leur re- aite par le rempart de ses rames et de ses feuillages; l'homme associe le chien à sa cruauté et guidé par son instinct, il perce les forêts que lui opposent les bois, il chasse, il poursuit le chevreuil ou la biche timide: envain les feuillages murmurent et frémissent à la voix des chasseurs et des chiens; envain l'écho effraïé répète avec douleur leurs accens barbares, la biche est cernée de toutes parts, elle ne voit que la gueule dévorante du chien ou le fer du chasseur. Au milieu de tant d'ennemis avides de boire son sang, avides de déchirer ses membres palpitans, tout-à-coup elle est terrassée, et bientôt elle roule déchirée et sanglante sous la dent des chiens qui s'arrachent les lambeaux de sa chair partagée et saignante. Elle expire dans les derniers abois de sa douleur, et le cor de chasse sonne son agonie et le triomphe barbare des auteurs de son trépas. La forêt frappée d terreur, rétentit au loin par des accens farouches et lugubres: l'oiseau de toutes parts s'effraïe, tout allarmé, il voltige et fuit le fracas de ces scènes de destruction: et c'est ainsi que dans un moment, l'horreur et l'effroi se répand dans les lieux les plus paisibles et les plus rétirés des forêts.

Homme vorace et carnacier! ne peux-tu vivre que du sang et du meurtre, et ton estomac doit-il être le tombeau de la nature entière? doit-il être le tombeau de tous les êtres intéressans, et de ceux qui habitent les plaines, et de ceux qui habitent les bois? ton estomac doit-il être le tombeau des oiseaux du ciel et des habitans de la terre? Placé au milieu de tant d'espèces, et de celles qui vivent dans les airs, et de celles qui vivent sur la terre, et de celles qui vivent sous les eaux, est-ce pour détruire ce qu'elle a créé que la nature t'a fait naître? Homme! réponds. Est-ce pour porter le deuil au milieu de ses enfans que la nature t'a fait naître?

Quoi! la nature t'a-t-elle créé avec l'instinct des animaux carnivores, avec la voracité du loup, la cruauté du tigre et la fureur du lion? Est-ce dans l'échelle de ces bêtes féroces que ton rang est classé? Alors le loup, le tigre et le lion sont tes frères, et si tu as quelques supériorités sur eux, c'est dans l'artifice et la ruse et dans les rafinemens de la destruction et de la cruauté.

L'oiseau qui réjouit la nature par la mélodie de ses chants, l'oiseau qui célèbre les bienfaits de la création, les béautés de la lumière, les couleurs brillantes de l'aurore, le repos du midi et le calme du soir, l'oiseau qui célèbre avec tant d'harmonie les plaisirs du printems et les richesses de l'automne, trouve dans l'homme barbare le plus cruel de ses bourreaux. Car, tandis que l'oiseau attendrit l'air par les accens les plus mélodieux, l'homme en embuscade amorce un instrument terrible, et l'atteint d'un plomb perfide : il tombe, il ferme les yeux à la lumière, et le chasseur ramasse et dévore le chantre des airs.

De toutes les bêtes féroces, l'homme est le plus cruel : sur la terre, il commet plus de ravages que le loup, le tigre et le lion; dans les airs, il commet plus de ravages sur les oiseaux que le milan, l'épervier et le vautour; sous les eaux, il commet plus de ravages que le brochet au fond des étangs et des rivières,

le

le requin et la baleine au fond des mers.

Encore si l'homme respectait la vie des oiseaux dont le chant embellit le spectacle de la nature, dont le chant attendrirait son cœur, s'il s'ouvrait aux sentimens.

C'est l'éducation qui polit les mœurs, qui perfectionne l'entendement, c'est la philosophie qui élève l'ame, qui étend si loin ses facultés, et qui la dispose à toutes les impressions généreuses qui caractérisent la douceur et la majesté des sentimens.

C'est envain, que l'homme attribue à son espèce l'apanage de la raison, pour ne donner aux autres espèces que l'instinct : si l'homme n'avait pas l'organe de la parole, s'il n'avait pas la faculté de modifier, de multiplier l'expression de tout ce qu'il voit, de tout ce qu'il entend, de tout ce qu'il éprouve en sensations différentes, que serait l'homme ? Il serait, comme tant d'autres espèces, borné à quelques articulations pour exprimer le nombre et la variété de ses sensations ; et son espèce restant abrutie, jamais elle n'aurait atteint cette fléxibilité dans les organes que l'emploi et l'exercice de ses facultés lui ont fait acquérir avec le secours de la parole et la multiplicité de ses infléxions et de ses moïens.

Sans le secours de la parole, l'homme eût resté isolé et dans le premier état de nature, à l'instar de tous les êtres de différentes classes qui, avec lui, peuplent la surface de la terre. Homme qui t'énorgueillis de ta raison pour ne donner aux autres animaux que l'instinct pour guide, dis-moi, quelle est cette raison dont tu t'appropries les orgueilleux attributs? asservi dès ton berceau sous l'empire des erreurs, est-ce la raison qui t'y fait soumettre? Est-ce la raison qui te rend l'esclave et le jouet de la superstition et des prêtres? Est-ce la raison qui te rend le vassal des oppresseurs et des tyrans? Est-ce la raison qui te fait courber éternellement la tête sous le joug des imposteurs? Est-ce la raison qui t'avilit sans cesse et qui te rend si malheureux et si souffrant dans les supplices et les tourmens qui t'assiégent? Est-ce la raison qui t'éclaire, quand tu gémis dans les rigueurs des persécutions qui t'environnent de toutes parts? Insensé! est-ce la raison qui t'éclaire, quand tu deviens le plus malheureux de tous les animaux, le plus méprisable et le plus avili?

Ah! que leur instinct qui a la nature pour guide, est un flambeau plus fidèle que la chimère des erreurs dont tu nourris ta vanité, ta folie et tes espérances! que cet instinct a de sagesse auprès de ta raison! Homme! ouvres les yeux aux lumières de la vérité, cesses de regarder les animaux qui peuplent la terre avec toi et qui, comme toi, sont les enfans de la nature, cesses de les regarder comme des victimes que tu dois immoler à tes caprices, à ta tyrannie. Ils sont crées comme toi, pour vivre, ils sont créés comme toi, pour voir la lumière et respirer la douce haleine du zéphyr, ils sont créés comme toi, pour embellir le séjour de la terre.

En devenant juste envers ces êtres sensibles comme toi, comme toi susceptibles d'éprouver les souffrances et la douleur, homme! deviens juste, et si tu dois alimenter ton estomac de la chair des animaux, fais au moins en sorte de ne point tarir la source de leurs espèces, en détruisant par le meurtre la fécondité des mères, ou en portant la mort dans le berceau de leurs enfans. L'homme ne doit déclarer la guerre qu'aux espèces farouches et nuisibles : la multiplication des autres peut servir à ses besoins et à l'ornement des séjours qu'il habite, soit qu'apprivoisées, elles demeurent sous le même toit que lui, soit que vouées pour être libres, elles respirent dans les plaines et dans les forêts.

Homme! si tu peux éprouver pour les animaux cette tendre compassion, le sentiment délicieux des ames honnêtes et sensibles, alors tu as déjà les qualités sociales, les qualités nécessaires pour te rendre heureux parmi les humains tes semblables; alors tu as déjà l'amour de l'indépendance et de la justice, alors tu as déjà la générosité et le desir de partager avec tes concitoïens la somme du bonheur que les seules vertus peuvent verser sur la terre.

OBSERVATION.

J'ai omis dans le calendrier héroïque, des personnages illustres qui ont tous les droits à y être placés, en signe de l'hommage que je dois à leurs vertus. Je prie ceux que je pourrais omettre encore, de n'imputer mon silence qu'à l'infidélité de ma mémoire, et je m'adresse à l'opinion publique pour y suppléer.

MOIS.

Lun. 1 Mademoiselle Ninon Lenclos, philosophe française.
Mar. 2 Madame Deshoulières, poëte française.
Mer. 3 M. Ganganelli, philosophe italien.
Jeu. 4 M. Mercier, philosophe français.
Ven. 5 M. Brissot, orateur français.
Sam. 6 M. La Fontaine, fabuliste français.
Dim. 7 M. Fénélon, philanthrope français.
Lun. 8 M. Newton, philosophe anglais.
Mar. 9 M. Clarke, philosophe anglais.
Mer. 10 M. Pope, poëte anglais.
Jeu. 11 M. d'Assas, officier au régiment d'Auvergne, célèbre par son dévouement généreux à Closterkam.
Ven. 12 M. Marmontel, philosophe français.
Sam. 13 M. Helvétius, philosophe français.
Dim. 14 M. Buffon, philosophe français.
Lun. 15 Marie Pita, Héroïne espagnole.
Mar. 16 Jeanne d'Arc, Héroïne française.
Mer. 17 Tullie d'Arragon, savante sicilienne.
Jeu. 18 Madame Dacier, savante française.
Ven. 19 Madame Scuderi, savante française.
Sam. 20 . . . .
Dim. 21 . . . . . .

MOIS.

Lun. 22 . . . .
Mar. 23 . . . .
Mer. 24 . . . .
Jeu. 25 . . . . . . :
Ven. 26 . . . . . .
Sam. 27 . . . .
Dim. 28 . . . .
Lun. 29 . . . .
Mar. 30 . . . .
Mer. 31 . . . . . . ,

FIN.

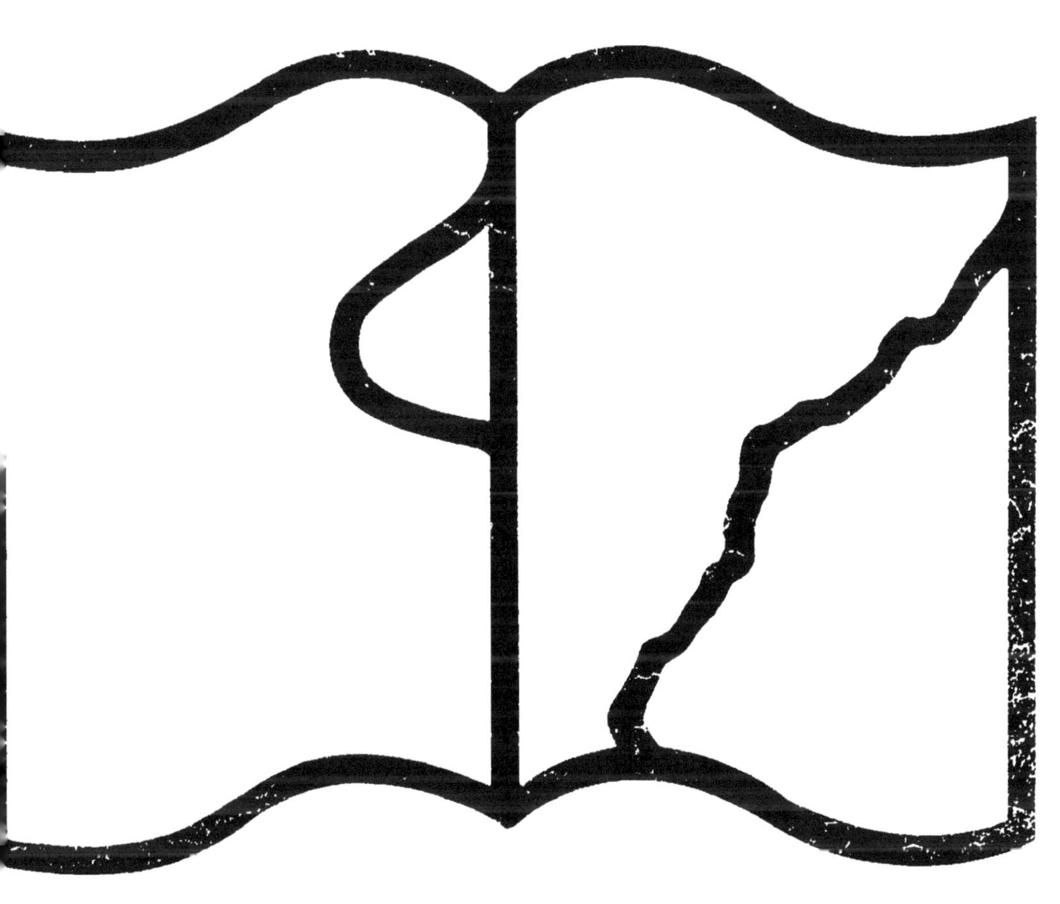

Texte détérioré — reliure défectueuse

NF Z 43-120-11

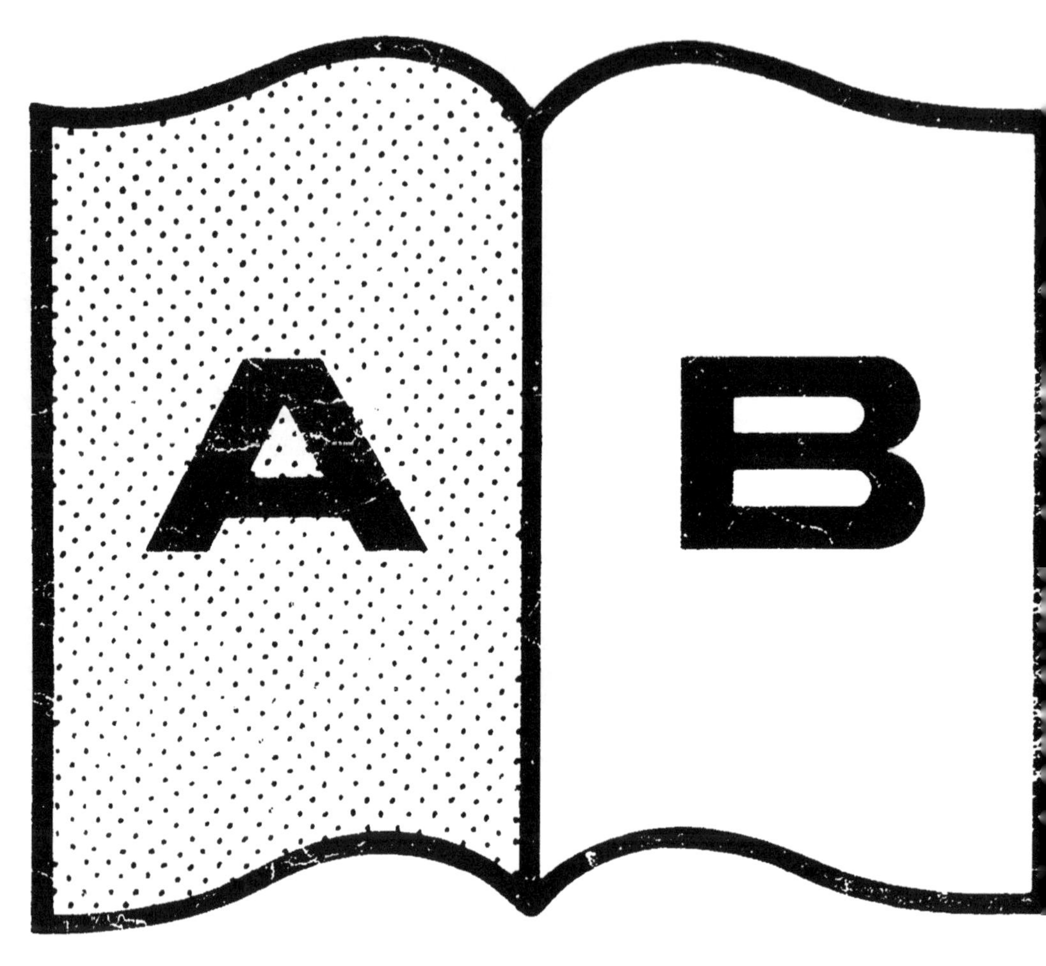

Contraste insuffisant

NF Z 43-120-14

www.ingramcontent.com/pod-product-compliance
Ingram Content Group UK Ltd.
Pitfield, Milton Keynes, MK11 3LW, UK
UKHW022055190726
13855UKWH00002B/499